KiWi 515

Über das Buch

Wer bin ich, woher komme ich, wohin gehe ich, was soll das? Die Grundfragen der Philosophie hat der postmoderne Mensch von heute fix beantwortet: mit ja. Aber wird der Mensch Elter, kommen 1001 schlaflose Nacht und die wahren Fragen auf ihn zu:
Atmet es?
Trinkt es?
Schläft es schon durch?
Ist es schon trocken?
Ist es schon Morgen?
Was haben wir bloß falsch gemacht?
Warum ziehen Kinder keine Pantoffeln an?
Warum hauen Kinder Kinder blau?
Was macht die Mundharmonika im Videorekorder?
Wie viele Sorten Scharlach gibt es eigentlich?
Was hat Barbie, das ich nicht habe?
Von wem hat es das bloß?
Und wie sag' ich das meiner Frau?
Waren wir jemals so jung?
Werden wir so jemals alt?
Ja, aber. Aber ja!

Der Autor

Jörg Bartel, geboren 1957 in Essen. Studium der Literaturgeschichte, Theaterwissenschaften und Philosophie in München. Nach dem Examen zunächst Lokalredakteur, dann Reporter, seit 1991 Feuilletonchef der in Essen erscheinenden Neuen Ruhr / Rhein Zeitung (NRZ). Theodor-Wolff-Preis 1990. Mit seiner Frau Leyla zwei Kinder: Rosa (7) und Jan (5). Sein Credo: »Der Generationenkonflikt ist unvermeidlich. Aber diesmal fangen eindeutig die Kinder an.«

Jörg Bartel

Und träumt jetzt schön, verdammt noch mal!

Ein Elterntrostbuch

Illustriert von

Thomas Klefisch

Kiepenheuer & Witsch

2. Auflage 1999

Die vorliegenden Texte sind zuerst in der
»Neuen Rhein / Neuen Ruhr Zeitung«, Essen, erschienen.

Illustrationen Thomas Klefisch
Umschlaggestaltung Philipp Starke, Hamburg
Umschlagmotiv Thomas Klefisch
Gesamtherstellung Clausen & Bosse, Leck
ISBN 3-462-02770-0

Wie ein Säugling

Wissen Sie, was die dümmste Redewendung von allen ist?
»Er schläft wie ein Säugling.«
Meint nämlich: satt und zufrieden und tiiiiiief. Ist aber fundamentaler Unsinn.
Meine beiden Säuglinge haben, als sie noch Säugling waren, nie geschlafen wie ein Säugling. In Wahrheit haben sie geschlafen wie Feuerwehrleute bei Feueralarm, wie Stehaufmännchen nach dem Schubsen, wie entwicklungspsychologische Modellfälle für senile Bettflucht.
Und das tun sie, manchmal, auch heute noch.
Wir haben alles versucht außer Drogen und Knockout. Die Zeiten von in Schnaps und Honig getunkten Schnullern sind vorbei, und mittlerweile hat es sich auch weitgehend herumgesprochen, daß man Kinder unter drei Jahren keinesfalls mit Pils müde machen sollte. Und heutzutage weiß ebenfalls jeder, daß stundenlanges Schreien nicht die Lungen des Kindes kräftigt, sondern die Nerven der Eltern blanklegt und deren hartes Herz nicht minder. Vor allem das.
Wir haben gewacht. Um nicht immer zu wachen, haben wir ein Babyphon gekauft. Wenn das Babyphon rauschte, waren wir wach. Wenn das Babyphon nicht rauschte, waren wir, in Erwartung, daß es gleich rauschen könnte oder aus Sorge, es könnte nie mehr rauschen, auch wach. Als wir das Terrorregime des Babyphons abschüttelten – wach! Und wenn wir dann doch einschliefen, wurden die Kinder wach.
Da unsere Kinder Daumen ignorierten, aber mit Schnuller zumindest einschliefen, gaben wir Schnuller. Solange der

Schnuller im Mündchen blieb, schliefen die Kinder, aber wenn die Kinder endlich schliefen, öffnete sich der Mund, und heraus fiel der Schnuller. Dann schrien die Kinder nach dem Schnuller. Da war es schon zu spät für ohne Schnuller.
Wir haben den Schnuller mit einem Bändchen an ihre Handgelenke gebunden. Ohne Erfolg. Wir haben die Schnuller vom traumblauen Betthimmel baumeln lassen und mit einer Sandmännchen-Klemme am Schlafanzug festgeklemmt, erfolglos. Wir haben nicht, wie verzweifelte Kollegen, Kindleins Schnuller mit Tesafilm von Backe zu Backe festgeklebt oder mit einem Gummiband gearbeitet. So etwas haben wir nie getan!
Aber wir haben es erwogen.
Wir schlafen seit fünf Jahren wie ein Säugling. Nur sind wir, anders als unsere ehemaligen Säuglinge, nach solchen Nächten hundsmüde, grau und tiefgerändert. Und wenn wir ihnen morgens, wenn sie gutgelaunt über uns herfallen, zur Kenntnis geben, daß Blumen, Tiere und sogar richtige Menschen Schlaf brauchen, wenn sie nicht eingehen wollen, dann lächeln sie uns heiter an und ohne Arg.
Wie Säuglinge.

Darüber spricht man nicht

Mein Sohn ist nicht stubenrein. Er ist ein hübsches, kluges und überaus charmantes Kind, aber stubenrein ist er nicht. Daß unsere Stube trotz alledem recht rein ist, liegt daran, daß wir zufällig keine Klimazone bevölkern, in der man Zweijährige ungestraft mit nacktem Hintern einherwandeln lassen kann, sondern in Mülheim an der Ruhr.
Mein Sohn trägt Windeln. Während wir uns alle paar Jahre einmal eine neue Jeans gönnen, wechselt unser Sohn mehrmals täglich nagelneue Windeln für rund hundert Mark im Monat, und die wandern jeden Freitag auf die Sondermülldeponie. Es ist eine viel zu oft unterschlagene Tatsache, daß Kinder in ihren ersten Lebensjahren für 2500 Mark stoffwechseln und daß man, wenn sie es nicht tun, dem Kinderarzt 2500 Mark dafür zahlt, daß sie es tun. Ebenso wahr ist, daß sich angesichts der enormen Verklappungskosten das Kindergeld – weswegen man sich ja angeblich Kinder anschafft – arg relativiert und der Name Windelgeld passender wäre.
Warum sich allerdings ein Mitmensch, und sei er noch so klein, für sein »Geschäft« am liebsten unter einen Wohnzimmertisch oder hinter den Fernsehsessel verzieht, wo man seinem Gesicht auf gar keinen Fall ablesen kann, daß er gerade seinem Geschäft nachzugehen entschlossen ist? Und zuvor mit keiner Silbe, derer er längst mächtig ist, anzudeuten bereit ist, daß er's tun wird? – Was ein schmutziges Geschäft ist, weiß auch der kleinste Aktionär.
Ein Vierteljahr lang haben nagelneue Eltern diesen Duft aus saurem Senf und süßer Hinterncreme mit stolzgeblähten Nüstern eingesogen, ein weiteres quittieren sie stolz dem Wandel des Buketts ins Deftig-Bürgerliche. Aber

dann hoffen sie, daß der Nachwuchs davon ebenso die Nase vollbekommt wie sie selbst. Ab dann wird nur noch grimmig gerochen, gewaschen, gewechselt, gezahlt und erzählt, daß der Sohn wie alle Zweijährigen – fast – sauber ist.

Der will aber nicht. Der sitzt das aus. Unterm Tisch. Der sagt kackfrech »nein« auf die Frage »mußt du auf's Klo?« streitet hochnäsig ab, daß ihn was drückt und drückt im verborgenen – die Atmosphäre erheblich. Seit ein paar Tagen sagen wir »bah!« und »puuuh!« und machen Gesichter und wissen dabei sehr genau, daß Kinder, denen man die Freude am Stinken nimmt, später Terroristen, Gaukler oder Psychologen werden. Aber muß jedesmal, wenn ein Kind sich ausdrücken will, ein Entsorgungsberechtigter leiden?

Ehrlich, wir haben die Nase voll. Wir möchten nicht nur ein duftes Kind, sondern auch ein duftendes. Möchten endlich Erbauung statt Verdauung und Weisheiten fürs Leben vermitteln statt Latrinenparolen und in die geistig-moralische Zukunft unseres Sohnes investieren statt Geld auszugeben für jeden – Schwamm drüber.

Angst & Liebe

Kinder sind der Trost unseres Alters, zumindest, wenn wir noch jung sind. Die Vorstellung, daß noch etwas von uns im Spiel bleibt, wenn wir selbst vom Platz geflogen sind, ist irgendwie beruhigend. Das erste Lächeln ist ebenso ein Versprechen aufs Weiterreichen wie das erste von vielen Gebrüllen. Wer da nicht liebt, ist ein Stein.

Aber das ist so eine Sache mit der Liebe. Sobald sie da ist, ist nämlich auch die Angst da, sie könnte enden. Und damit würde unsereiner selbst vor seinem Ende enden – die Seelenruhe ist dahin. Ich habe meinen Rundumpazifismus genau an dem Tag aufgegeben, als ich zum ersten Mal stolz mit meiner nagelneuen Tochter im Kinderwagen ums Karree getrabt bin: Stinkende Auspuffs, eilige Ellenbogen, militante Duziduzis, kurze Ampelphasen, ignorante Treppen, Fehlzündungen made in Germany – ich hätte zum Rambo werden können.

Der grimme Bert Brecht hat mal gedichtet, seit er liebe, fürchte er jeden Regentropfen, aus Angst, der könnte ihn erschlagen. Und er hatte recht, der Brecht. Diese ganze selige Elternliebe ist von Anfang an ein Horrortrip.

Ich weiß von einem Essener Professor, der hat im Kreißsaal dreimal die Finger seiner ersten Tochter nachgezählt. Und er ist dreimal auf elf gekommen (war nur die Aufregung). Ich selbst habe zwei Jahre lang jede Nacht mehrmals meine Tochter wachgestupst, aus Angst, sie könnte nicht mehr atmen (konnte sie, nur nicht schlafen). In der Konsequenz verplombt man Steckdosen, zäunt Herdplatten ein, riegelt Treppen ab, schließt Besteck weg und alles, was man schlucken könnte, aber nicht sollte, und raucht nicht mehr im Haus.

Und dann verbietet man, was man verbieten kann: geh nicht da hin und dort hin, schon gar nicht allein, bei Rot und mit nackten Füßen; tu dies nicht und das nicht und laß dich nicht ansprechen ohne Mütze. Und dann stellt man fest, daß die rundum sichere Welt, die man um seine Kinder bauen würde, einer Gummizelle verdächtig ähnlich sähe, und das will man ja denn doch nicht. Und irgendwann (ein Auto!) kommt man (leg den Stock weg!) drauf, daß sie (langsam!) schon lange nicht mehr hinhören.
Dann fängt man an zu brüllen vor lauter Angst und Liebe, und sie tun trotzdem dies und das und erst recht. Und irgendwann, wenn man längst zu einer Neinmaschine geworden ist, die sich selbst zum dicken Hals heraushängt, sind sie alt genug, um laut zu fragen, warum bloß ein Mensch, der sie doch so furchtbar liebt, alles, was Spaß macht, verbietet. Und fühlen sich ungeliebt und lieben nicht wider. Und dann sieht man Zorn und hilflose Tränen und wird vielleicht einen Moment lang still und wartet darauf, daß sie alt genug werden und still genug werden, um zu verstehen, was man erklärt über Platzverweis und Weiterspielen, Angst und Liebe.

Bitte nicht bummeln

Meine Tochter will wissen, wie wir bummeln. Warum wir bummeln, wenn wir bummeln, wann wir bummeln und was das überhaupt ist: bummeln. Und wieso wir, ihre aufgeklärten Eltern, auf dem Weg zum Kindergarten so merkwürdig ins Haspeln geraten, wenn es ums Bummeln geht. Eigentlich hat unsere Tochter recht: Bummeln ist das Natürlichste von der Welt, was sich schon daraus ergibt, daß es ohne Bummeln die Welt der Natur überhaupt nicht gäbe, geschweige denn unsere naturkundlich eminent interessierte Tochter. Alle bummeln: Bienen bummeln, Blumen bummeln, Hummeln bummeln, sogar am hellichten Tag.

Carla ist schuld. Carla aus dem Kindergarten hat gesagt, wenn sich Eltern ganz doll liebhaben, dann bummeln sie miteinander, und dann wird der Bauch dick, und dann kommen klitzekleine Babys ins Krankenhaus, obwohl sie überhaupt nicht krank sind. Und Carla ist eine Kapazität, denn Carla ist schon fünf, hat zwei Meerschweinchen, die immer schlafen, wenn Carla wach ist und zwei Eltern, die angeblich immerzu bummeln, wenn Carla schläft. Was ist bummeln? Was sollen Eltern, die noch nie gebummelt haben oder zumindest nicht wußten, daß sie bummelten, wenn sie bummelten, dazu sagen? Und wenn sie es denn sagten, wie würden sie auf die Fragen über Fragen antworten: Was ist ein Bummelzug? Wo hat Jan seinen Schnuller verbummelt?

Wir haben unserer Tochter versprochen, daß wir sie später lückenlos aufklären werden. Und daß wir uns jetzt aber beeilen müßten. Auf dem Weg zum Kindergarten sei bummeln verboten.

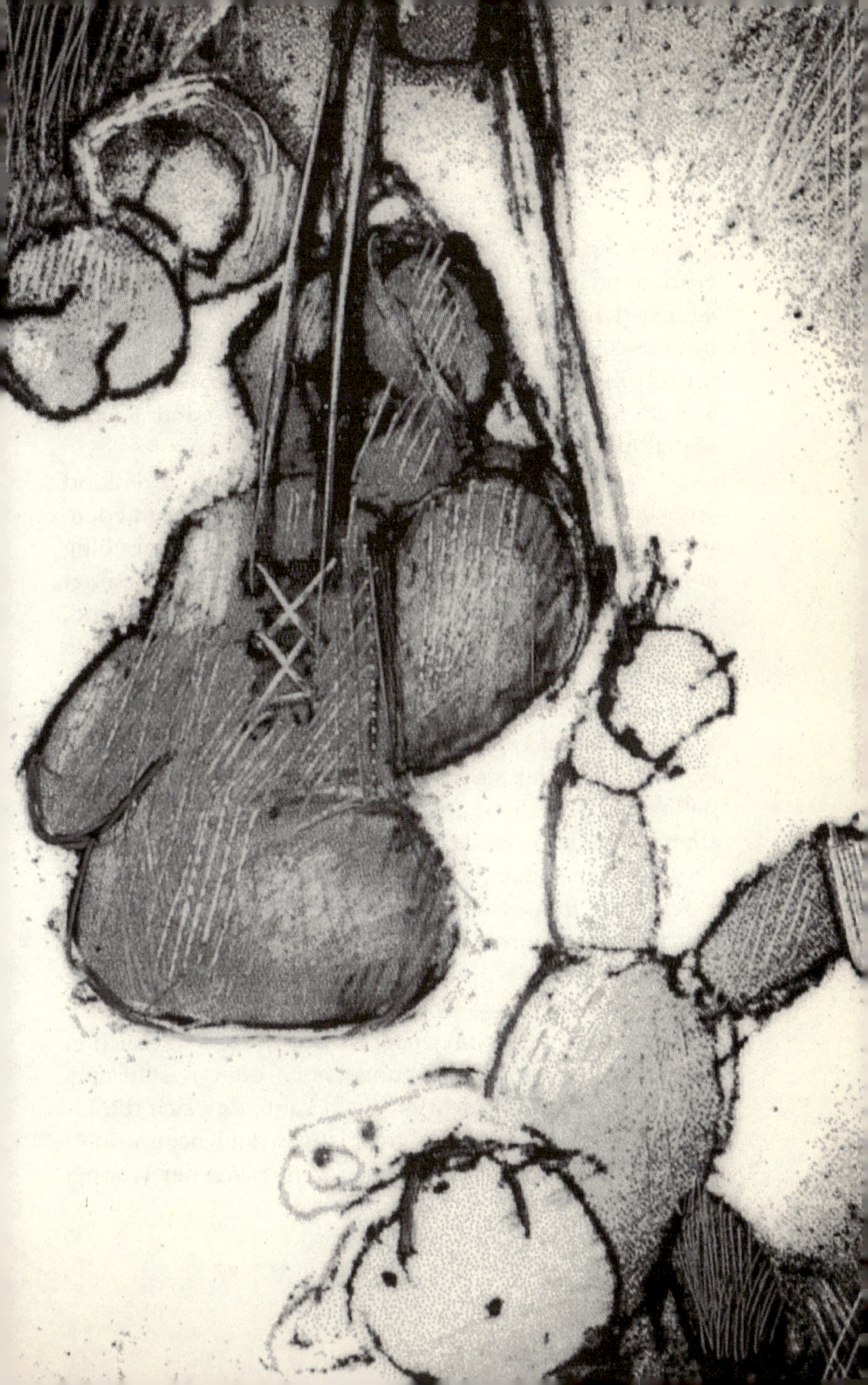

Oma ist nicht schrullig

Trösten Sie sich: Wenn Oma auf einmal so wunderlich wird, dann hat das gar nichts damit zu tun, daß sie jetzt alt ist. Das liegt nur daran, daß sie einmal jung war. Kinder neigen nämlich schon von Kindesbeinen an – und teilweise noch früher – zu allerlei Verschrobenheiten, Macken und Marotten. Wenn überhaupt jemand, dann sind Kinder schrullig.

Oder wie würden Sie es nennen, daß ein Kollegenkind ausschließlich mit einem Schnuller schlafen kann, mit dem man nicht mehr schnullern kann, weil das Gummi völlig abgebissen ist? Während Freundeskind Sven unbedingt zwei Schnuller zum Schlummer braucht: einen im Mund, einen im rechten Ohr (ich sage Ihnen, das sieht echt bescheuert aus).

Mag ja sein, daß Oma immer seufzt, daß sie »heute schon wieder um fünf Uhr hellwach« war (und dabei geflissentlich übersieht, daß sie wieder mal schon um 21.30 Uhr »ins Bette« gegangen ist); aber das ist gar nichts gegen Christian. Christian, drei Jahre alt, ist ein hellwaches Bürschchen und ein solider Schläfer – vorausgesetzt, es liegt sein Vater neben ihm: rechts und natürlich in diesem Schlafanzug mit den blaurotgrünen Längsstreifen. Mutter rechts, Vater links oder gar quergestreift, und der Sandmann hat keinen Sand mehr.

Oder was halten Sie von jenem Kind, das ausschließlich in Pommesbuden, Mc Dingsbums-Läden oder Restaurants ißt, weil es offenbar nicht ertragen kann, daß sich die Eltern während des Kochens kurzfristig in der Küche aufhalten müssen. Das ist unerlaubtes Entfernen von der Truppe. Und wird abgestraft durch Hungerstreik.

Gar nicht zu reden von jenem Bruderfreundkind, elf Monate alt. Das ißt ausschließlich während eines Rituals, das nur auf den ersten Blick etwas merkwürdig anmutet. Auf den zweiten ist es völlig gaga:
Eiweiße, Kohlehydrate oder Vitamine finden nämlich ausschließlich statt, wenn Mama das »Zauberdöschen« auf den Tisch stellt. Das Zauberdöschen ist aber recht eigentlich kein Zauberdöschen, sondern eine ordinäre, wenn auch unglaublich beschmierte Penatendose, Familienpakkung.
Um oben was in dieses Kind hineinzukriegen, muß man das Zauberdöschen auf den Tisch stellen und dem Kind Gelegenheit geben, mit beiden Händen in der Penatenpaste zu matschen. Denn während das Bübchen wie in Trance auf seine weißen Creme-Finger stiert, schließen und öffnen sich die beiden Penaten-Patschehändchen, und auch das kleine Mündchen schließt und öffnet sich, und das ist dann die (einzige) Gelegenheit zur Einleitung eines bürgerlichen Stoffwechsels.
Oma und schrullig? Früher mal, ganz früher.

Mendels Gesetze sind doof

Kennen Sie Mendel? Doch, Sie kennen Mendel. Das ist der, dessen Gesetze man immer brav befolgt, weil sie in Fleisch und Blut übergegangen sind. Die Mendelschen Gesetze regeln unter anderem, daß sich Opa-Gene direktemang an den Papa-Genen vorbei auf die Enkel vererben, während die ganze Welt in den Kinderwagen guckt und sagt: »Ganz der Papa!«

Nix Papa, sagt Mendel, Opa. Aber Mendel irrt.

Mein Opa väterlicherseits hat nämlich immer gesagt, man müsse die Feste feiern wie sie fallen, und sie fielen oft bei Opa, und die Feiern im Hause von Opa väterlicherseits sind legendär. Ich war allerdings nie eingeladen, zu jung, und vielleicht ist ja das der Grund, warum ich nicht der allergrößte Feierer bin. Da komme ich mehr nach meinem Vater, bei dem Mendel noch stimmt. Ich feiere zwar gerne zu Hause, aber mit Ausnahme von Geburtstagen, Weihnachten und Silvester nur einmal im Jahr spontan, nach wochenlanger Planung.

Aber meine Tochter! Ganz unmendelisch, ganz der Uropa. Die feiert, daß die Bude kracht. Das fing ganz harmlos an mit ihrer ersten »Baby-Born-Party«. »Baby Born (ein kahles Puppenwagenmonster) hat bald Geburtstag«, sagte die Tochter und verlangte eine Geburtstagsfeier. Feiner Einfall, lobten wir uns für unsere einfallsreiche Tochter und sagten ja.

Also wurden vier Nachbarskinder eingeladen, ausnahmslos Baby-Born-Besitzerinnen, zu literweise Limo, Waffeln und Luftschlangen. Die Gattin waffelte, schlängelte und schenkte aus und sah zu, wie fünf Fünfjährige nach fünf Minuten ihre blöden Baby Borns in die Ecke schmissen und Kinderzimmerzertrümmern spielten.

Am Spätnachmittag wurden dann alle Fremdkinder zusammengekehrt, und die Baby-Born-Party war aus.
Tolle Feier, meinte die Tochter. Dann hatte Barbie Geburtstag.
Und dann, wegen des großen Erfolges, Teddy.
Und dann Lana. Oder Lada oder Dala, die Freundin des Königs der Löwen.
Und spätestens seit Teddys Geburtstag hätten wir uns einen etwas stieseligeren Uropa gewünscht. Das wiederum liegt vorzugsweise an Tochter-Freund Mats. Nun wissen wir zwar, daß Themen-Feten derzeit voll im Trend liegen und daß Mats schreiben lernt und schöne Fortschritte macht. Aber daß Mats übte, indem er stapelweise Zettel anfertigte, auf denen stand: »ROSA GIPT MURGEN EINE PARTI. KOMT ALE!« und die Zettel an jeden verfügbaren Baum in unserer ebenso wald- wie kinderreichen Siedlung pappte, irritierte uns dann doch.
Und das war dann auch der Zeitpunkt, an dem wir begannen, Mendel und seine Gesetze ganz sachte außer Kraft zu setzen.
Mats Papa hat uns allerdings beruhigt. Mats Opa sei genauso gewesen.

Wie alt bist du denn?

Fragen Sie doch mal meinen Sohn! Fragen Sie ihn doch mal: »Wie alt bist du denn?«

Dann hebt er nämlich spontan alle fünf Schwurfinger und den einen, den er immer als Taschentuch benutzt, und sagt »vier!«

Er ist aber drei.

Außerdem glaubt er fest daran, daß er irgendwann, wenn er nur weiter tüchtig ißt und mit dicken Ästen schmeißt, einmal älter sein wird als seine fünfjährige Schwester, die immer, wenn wir nicht dabei sind und sagen können »hö-höhö!«, behauptet, sie sei schon sechs.

Kinder wollen älter werden. Das beruhigt in den Momenten tiefen Zweifels und läßt uns auch dann noch an ihren kreatürlichen Willen zum Leben glauben, wenn der bloße Augenschein dagegen spricht: wenn zum Beispiel unser einfallsreicher Sohn mal wieder Bobbycar fährt – vom ersten Stock ins Erdgeschoß, meine ich.

Oder wenn unsere Tochter strickt.

Daß Kinder als solche älter werden wollen, ist eine häufig von ihnen selbst erfolgreich verschleierte Tatsache und gut so: daß Kinder aber unbedingt älter sein wollen als sie sind, bedarf noch der Erklärung.

Was versprechen die sich eigentlich vom Ältersein? Wichtigersein? Glücklichersein? Noch mehr Liebe? Noch mehr Schokolade? Die spinnen doch, die Kinder!

Falten, Glatze, Zellulite / Sorgen, Kurzsicht, Bauchverstecken / Tränensäcke, Altersflecken / können keine Kinder schrecken:

Kinder verehren alles, was älter ist als sie – außer Erbstükken von Uroma, unersetzlichen Beatles-Schallplatten, Glas, Kristall, Porzellan und den eigenen Eltern.

Objekte geradezu hemmungsloser Verehrung sind dabei rotznasige Nachbarskinder, die einen halben Kopf größer sind, eigene Katzen und schon mal Power Rangers gesehen haben, die behaupten, schon mal in den Pony-Ferien gewesen zu sein und sich ab und zu aus lauter Langeweile (und auf geradezu den Familienstolz verletzende Weise) ein huldvolles Viertelstündchen mit Vater-Mutter-Kind oder Fußballspielen abbetteln lassen.
Dann sind Kinder auf einmal mit Leidenschaft kleine und überaus artige Kinder oder aus Überzeugung sogar Fußbälle, und ihre Augen strahlen, und ihre Ohren hören, und ihre Köpfe nicken, und manchmal schweigen sie sogar.
Und dann stehen ihre Eltern, die ihre jetzt bis zur Unkenntlichkeit wohlgeratenen Kinder so gerne einmal hätten erziehen können wollen, staunend, ein kleines bißchen begeistert, ein großes bißchen eifersüchtig und hundertprozentig unbeachtet daneben und fragen sich: Was haben die, was wir nicht haben?
Und dann sehen sie alt aus, die Eltern.

Putzt eure Zähne!

Jetzt sagen Sie doch mal: Was ist so schlimm am Zähneputzen?
Vom Zähneputzen nutzen Zahnbürsten ab. Ja. Für eine Tube Zahnpasta könnte man zwei Tafeln Schokolade kaufen. Ja. Schokolade ist leckerer als Zahnpasta. Meinetwegen nutzen vom Zähneputzen auch die Zähne ab, zumindest ein klein wenig. Zähneputzen steigert den Wasserverbrauch. Nach dem Zähneputzen darf man keine Schokolade mehr essen, sonst muß man wieder Zähneputzen. Das könnte bei hochgradig Schokoladenabhängigen eine Aversion gegen das Zähneputzen auslösen. Fragen Sie Ihren Zahnarzt oder Apotheker.
Andererseits mögen nach allem, was wir wissen, selbst hochgradig Schokoladenabhängige keine Zahnschmerzen, und die treten nun mal besonders oft auf bei Schokoladenabhängigen, die sich abends die Zähne nicht putzen. Darum sollten auch Schoko-Junkies abends ihre Zähne putzen. Sie müssen ja nicht jauchzen dabei, aber putzen sollten sie, und sei's um der lieben Schokolade willen.
Mein Sohn jauchzt nicht und putzt nicht, mein Sohn schreit. Jeden Abend. Er schreit so laut und so lang, daß er taub ist für unsere mundhygienischen Vorträge. Er brüllt und stampft mit dem Fuß auf und schreit, bis wir Zahnschmerzen bekommen. Dicke Tränen laufen ihm dabei über sein Gesicht und uns der Schweiß. Es ist wie beim Zahnarzt. Es ist die Hölle.
Wir stellen uns dabei vor, wie sich unsere Nachbarn vorstellen, was wir da gerade wieder mit unserem Zweieinhalbjährigen anstellen: asiatische Folter, Bambusspitzen, rote Ameisen, Elektroschocks, Zahnarztbohrer.

Wir bezahlen die Bürste, die Paste, das Wasser. Lange bevor seine Zähne abgenutzt sein werden, kriegt er neue. Und die Schokolade ist eh aufgegessen. Wir haben schon mit dem Gedanken gespielt, ob er vielleicht in die Fänge einer Sekte geraten könnte, für die Zähneputzen ein schreckliches Tabu darstellt. Aber noch können wir seine Sozialkontakte ziemlich lückenlos überschauen, und seine Freundin Laura putzt leidenschaftlich gern Zähne, obwohl sie noch gar nicht alle hat. Und seine Schwester gibt vor jedem, der ihr vor die Augen kommt, mit dem Attest vom Kindergartenzahnarzt an: Rosa hat gute Zähne, immer schön geputzt. Brave Rosa, weiter putzen!
Er schreit, als ob er Zahnschmerzen hätte. Und irgendwann schreien wir dann auch, und dann schreit auch Rosa, weil alle so schreien, und die Nachbarn schreien bestimmt auch, aber das hören wir nicht bei all dem Geschrei, und mittlerweile fragen wir uns in stillen Momenten danach, ob es das wirklich wert ist:
So ein bißchen schlechter Atem, Plaque, Karies, Mundfäule, Brücken, Kronen, Gebiß. Und warum sich ein Kind überhaupt waschen muß und Stiefel anziehen bei Regen und Wollmützen im Winter. Und was so schlimm daran sein soll, wenn man Fernseh-Fernbedienungen versenkt, Knetgummi in Videorekorder friemelt, Schwestern mit Tischstaubsaugern ausknockt und einmal ausprobiert, ob der CD-Player eventuell auch Schleifscheiben abspielen kann. Und ob wir Rabeneltern sind.
Jan, bitte, putz deine Zähne!

Garten-Kinder

Der deutsche Kindergarten ist eine sinnvolle und überaus segensreiche Einrichtung, zumindest für die, die nicht nur eine Kindergartenplatzgarantie, sondern auch einen Kindergartenplatz bekommen haben.

Im Kindergarten nämlich wachsen Kinder, grünen und blühen; hier wird früh der Boden bereitet für gesunde Wurzeln gegen die späten Stürme des Lebens und durch Gärtnerinnen, die früher Tante Hilde hießen und heute Frau Meyer-Peters heißen, allzu wilder Wuchs beschnitten, auf daß ordentliche, aufrechte und gottesfürchtige Menschen heranreifen können wie wir.

Im Kindergarten lernt das Kind, daß man sich einordnen muß, daß man lauwarmen Pfefferminztee trinken kann, wie scheußlich es ist, morgens um sieben aufzustehen, was eine Pump-Gun ist und wer von den Power Rangers der Allerstärkste. Und, vor allem, Lieder.

Schöne Lieder – alte, die man vergessen glaubte und neue, die man, ohne es zu merken, den Kollegen im Büro vorpfeift, bis sie sagen: »Nu is aber gut!« Im Frühling lernen sie Frühlingslieder, im Sommer Sommerlieder und so fort in Herbst und Winter, und das ist gut. Aber sie lernen auch Wasserrohrbruchlieder.

Wasserrohrbruchlieder?

Wir hatten neulich einen Wasserrohrbruch, praktischerweise am Samstagabend, damit kein Klempner zu erreichen war. Eiskaltes Wasser rann stundenlang aus zwei Kellerwänden, umspülte die Reservefliesen, ließ Kartoffeln schwimmen, tränkte die alten Turnschuhe, wusch die aktuelle Waschwäsche vor und machte aus einem Sack Rotband schönen knochenharten Putz.

Und stieg.
Wir stiegen auch, hinab, und wischten, rangen Hände, wrangen Aufnehmer, füllten Putzeimer um Putzeimer, die wir einzeln bibbernd nach draußen expedierten. Immer wieder stapften wir hinab ins kalte nasse Grab unseres Wochenendes. Und während wir uns bückten und quälten und schwitzten und fluchten, betrat unsere aufgeweckte Tochter gutgelaunt die Szene, patschte fröhlich in ihren nagelneuen pinkfarbenen Gummistiefeln durch die Sintflut, rettete allerlei Asseln und Spinnen und – sang. »Wer hat das Wasser denn gemacht?« sang sie fromm, falsch und unschuldsvoll, »den Wind und auch die Steaaane?« Und sie sang gleich 20mal die Antwort mit, während sie mit ihrem Fuß im Takt unsere Schlafanzughosenbeine naßspritzte: »Das hat Gott allein gemacht, drum danken wir ihm geaaane!«
Das ist das Schöne an Kindern und Kindergärten, zumal in kirchlicher Trägerschaft: Der Mensch als solcher denkt, wenn ihm das Wasser bis zum Hals steht, vorzugsweise an das blinde Schicksal oder an den Klempner. Oder erschöpft an Schöpfen. Das Kindergartenkind aber denkt an den Schöpfer.

Commander Keen, Papa & die Schnecken

Wir verfahren da ganz nach dem Motto: Wenn man schon nicht weiß, wozu es gut ist, kann man gar nicht früh genug damit anfangen. Mein Sohn lernt jetzt Computer, immerhin ist er schon drei. Was lernt der Sohn am Computer? Schnecken killen.

Das geht ganz einfach: Da, wo sich bei der Schreibmaschine die Leertaste befindet, ist jetzt, so ändern sich die Zeiten, sozusagen der Abzug. Drücken – sssst! Schnecke tot. Das geht auch für einen Kriegsdienstverweigerungssohn voll in Ordnung, denn erstens lehrt es den Umgang mit der Elektronik für Friedenszeiten, zweitens killen wir die Schnecken in unserem Garten ja auch sonst, wenn auch von Hand. Drittens käme andernfalls Commander Keen niemals dazu, den Zauberer zu retten. Der ist seit bestimmt 3000 Jahren in echten Schwierigkeiten und hat einen weißen Bart. Was wir da also machen, ist gewissermaßen ein Blauhelmeinsatz mit Leertastenbefehl.

Wir haben im Sommer ungefähr 25 000 Schnecken in unserem kleinen Garten – nicht solche mit eigenem Häuschen, die wir immerhin essen könnten, wenn sie nicht so schleimig wären, nein, unbehauste Nacktschnecken, die uns den Garten schon dreimal kahlgefressen haben. In der ersten Saison haben wir die Damen und Herren Schnecken (zwiegeschlechtlich sind sie nämlich auch noch) immer samaritermäßig über die Mauer geworfen, schon darum, weil unsere Tochter, die ganze Nachmittage mit Ameisenfüttern und Asselnstreicheln verbringt, andernfalls Zeter und Mordio schrie und uns an den Heiligen Franz von Assisi erinnerte, den sie noch gar nicht kennen kann; und weil wir ein gewisses Verständnis haben für nackte Not.

Kein Verständnis hatten wir dafür, daß die von uns Verschonten zum Dank auch noch ihre Verwandten zu uns einluden: Sie kamen – alle. Sie schleimten. Sie fraßen kahl, kahl, kahl, und könnten Nacktschnecken grinsen, sie hätten gegrinst.

Das nenne ich Mißbrauch von Asylrecht.

Commander Keen killt also. Mein Sohn ist Commander Keen – allerdings nur bis die blauen »Monsters« auftauchen und der grüne Blubbersee und das gelbe Dings, das meine Spinnenphobie wieder auffrischt.

Hu!

Dann macht Commander Keen immer »oingoingoing«, und ich drücke »Esc« und das »Z« für »really quit«, und dann tippe ich zweimal »cd«, und mein Sohn (drei Jahre alt!) sagt zweimal »Punkt, Punkt«, und dann lesen wir ein Bilderbuch.

Das Tind will tutten

Das Kind ist verstockt. Das Kind will nicht hören. Das Kind will auch nicht essen oder spielen. Das Kind will färnsehtutten! Fäärnsehtutten!! Fääärnsehtutten!!!
Das Kind darf nicht färnsehtutten. Das Kind soll essen, spielen, lachen und ein unverstocktes, allseitig gebildetes, mit sich und der Welt zufriedenes Wesen werden, das, im glücklichen Einklang mit der Natur und seinen Mitmenschen, eine Bereicherung des Erdenballs ist – ein normaler Erwachsener eben, wie wir. Und das kann man nicht, wenn man färnsehtutt't. Dann wird man zappelig, brüllt rum, kriegt Augenzucken und haut Kindergartenkinder blau, und dann kann man auch kein »K« sprechen.
Nun haben Forscher zwar mittlerweile herausgeforscht, daß Kinder fernsehgucken müssen, damit sie normale Kinder werden – weil es wohl heute normal ist, daß Kinder herumbrüllen, zappeln, mit den Augen zucken und andere Kinder blauhauen. Und ganz genau auf dem laufenden sind, wen die Power Rangers gerade blaugehauen haben. Aber das gefällt uns nicht. Wir möchten eigentlich lieber ein unnormales Kind mit »K«.
Das ist aber ziemlich schwer zu bewerkstelligen, weil nämlich ausgerechnet vor dem Fernsehgerät das Kind nicht nervös ist, nicht herumbrüllt, kein bißchen augenzuckt oder wen blauhaut. Und »T« zu »K« sagt, weil es nämlich gar nichts sagt, sondern staunt und lacht, wie ein allseitig gebildeter Mensch, mit sich und der Welt zufrieden.
Ja, soll man's denn lassen, das Kind? Und wenn ja, wann, was und wie oft?
Wir haben uns für »Täptn Blaubär« und die »Sendung mit der Maus« entschieden. Die finden wir nämlich (mal weg-

SEJAM
STR.
1009

hören!) selber lehrreich und lustig, würden uns aber natürlich nie trauen hinzugucken, so ohne Grund und Kind. Aber mit Kind und Grund ... – so gesehen ist ein Kind auch mal praktisch. Und wenn wir alle gucken (»Der Tönich der Löwen« tam leider für uns alle zu früh!), dann ist das Kind zufrieden, und wir sind zufrieden.
Das mag ja nicht besonders pädagogisch sein, ist aber immerhin auch was.

Die Welt ist schön!

Was weiß denn so ein Kind vom Leben? Nichts weiß es. Ein Mensch, der noch nie über Abfallgebühren nachgedacht hat oder die FDP, weiß nichts vom Leben. Kinder sind naiv und undankbar. Kinder säen nicht und ernten nicht, und ihr irdischer Vater ernährt sie doch. Oder Mama. Und zwar mit Vitaminen, Proteinen, Mineralstoffen, Gutenachtgeschichten und guter Laune schon morgens um sechs am Sonntag. Sie finden, das gehört sich so.

Was ist, ist für Kinder selbstverständlich. Was angenehm ist, ist erst recht selbstverständlich. Dreimal Ostern im Jahr, fünfmal Geburtstag und sechsmal Weihnachten sind für Kinder geradezu logisch. Und drei Stunden Kissenschlacht. Und morgens Gummibärchen, mittags Gummibärchen, abends Gummibärchen. Und Gummibärchenzahnpasta.

Da fällt mir ein, die Zahnpasta meiner Kinder schmeckt tatsächlich nach Gummibärchen. Meine Kinder finden das normal. Es ist der Wahnsinn.

Neulich abends gab es Pizza. Pizza ist wie Gummibärchen vom Italiener, nur platter und wärmer und häufiger. Beliebt und lecker also, aber eigentlich nicht der Rede wert. Mein Sohn aber beißt an diesem Abend in eine Pizzaecke und sagt in die gefräßige Stille hinein ein behagliches *»Die Welt ist schön!«*

Pause.

Mein Sohn ist drei Jahre alt, das kann er noch gar nicht wissen. Und schon gar nicht kann er wissen, daß das nicht stimmt. Und schon mal überhaupt nicht kann er wissen, daß es doch stimmt. Wir haben eine Wunderpizza gekauft,

wir haben ein Wunderkind. Wir sind Wundereltern. Jedenfalls haben wir uns gewundert.
Wir haben uns die Pizza genau angesehen: dünner Teig, an den Rändern schön knusprig, Tomatensugo, Mozarella, Salami und ein Hauch von Oregano. Es war eine gute Pizza, aber eine kreuznormale Pizza. Es war keine philosophische Pizza, sondern eine Pizza-Pizza für neunfünfzig vom Italiener.
Einen Moment lang waren wir versucht, unserem Sohn zu erklären, daß die Welt nicht schön ist und warum. Und warum doch. Aber wir wollten uns nicht überfordern.
»Ja«, haben wir glücklich gesagt, »ja, die Welt ist schön. Und jetzt iß deine Pizza!«

Blöder Bummel mit Batman

Sind Sie schon mal mit Peter Pan über die Kettwiger spaziert? Oder mit Batman über die Kö? Hat man jemals die Person neben Ihnen gefragt, »na, Kleiner, bist du etwa ein Tiger?!« Und hat die Person neben Ihnen dann jemals schräghoch zurückgeblafft »nee, Shir Than, du Blödtopp!«

Ich mach' so was dauernd.

Ich habe Pippi Langstrumpf, die allerdings ein Dornröschenröschenkleid und eine Arielle-Spange trug, auf den Wochenmarkt begleitet; ich weiß, wie das ist, wenn der Kajalstift weg ist, die Tochter aussieht wie ein Brikett mit Ohren, aber steif und fest behauptet: »Ich bin ein schwarzer Panther!«; wie das ist, wenn man neben einem Zwergen mit schwarzer Augenklappe und in sauteuren Turnschuhen, die an der Hacke blinken, beim Bäcker Brötchen bestellt, und wie man sich fühlt, wenn der Zwerg auf die durchaus freundliche Frage »na, will der Pirat ein Schweinsöhrchen?« grimmig sein Plastik-Schwert schwingt und belfert »Täptn Hoot, Dumpfbatte!«

Ich weiß also auch, wie man dann gucken muß: wie man neckisch den Kopf anschieft, kokett die Achseln lupft, mit den Händen rudert und sagt: »Tja-ha, kleine Kinder ...!«

Und wie die anderen Menschen dann sagen »ja, wir hatten selber welche«. Und dabei aussehen, als wüßten sie immer noch nicht, wie sie das überlebt haben.

Kinder haben bedeutet Dauerkarneval, ohne daß ein Aas lacht. Da wird zwar jeder Fußweg zum Kindergarten zur Travestie-Show, aber das bedeutet noch lange nicht, daß man die Kleinen auch mal zügig als Menschen verkleiden könnte. Da brechen nämlich mit einem Mal unerklärliche

Jeans-Allergien, akute Trägerrock-Phobien oder archaische Sandalen-Todfeindschaften auf; da wird morgens eine halbe Stunde lang nach eben der verdammten rosa Spange gefahndet, die gestern noch die Tochter garantiert zum Gespött der Kindergarten-Gruppe »Gänseblümchen« gemacht hätte; und da ist auf einmal just die schicke Weste »doof, doof, doof«, die vor kurzem erst mit einem Heulkrampf auf offener Straße angezahlt wurde.
Ich weiß, diese Erfahrungen sind weder spektakulär noch exklusiv. Ich erzähle das auch nur, damit ich mich später, wenn die Kinder größer geworden sind, voll unterm Markenhosen-, Hemden-, Socken-, Schnürsenkel-Diktat ihrer Mitschüler leben, längst Bandenkriege wegen einer Knopf- oder Schnürsenkelfarbe führen und uns mit ihren Kleiderwünschen vollends ruinieren, an die gute alte Zeit erinnere, als das noch so einfach war mit den Kindern und dem Outfit.

Barbie, Ken und das AKW

Nein, wir haben unserem Sohn – anders als andere, deren Namen und Adresse ich hier nicht nennen will – niemals die Hände auf den Rücken gebunden, damit er nicht immer die Bälle in die Hand nimmt und ein ordentlicher Fußballer wird; ja, wir haben unserer Tochter von der Wiege an – neben elterlicher Liebe – pädagogisch wertvolles, unbedingt geschlechterrollenübergreifendes und, nebenbei, hirnrissig teures Holzspielzeug, schockweise Miniaturautos in Schumi-Blau und verführerische Plastikwerkbänke mit allerlei Schrauben und Ziehern und – ääätättääätttä – Plastikstichsäge geschenkt, damit aus ihr mal etwas anderes wird als eine Puppenmutter.

Was ist aus ihr geworden?

Eine Puppenmutter.

Dabei haben wir im Grunde überhaupt nichts gegen Puppenmütter und finden Plastikstichsägen aus vollem Herzen kreuzbescheuert, aber so ein junger Mensch, denken wir, darf nicht von Windel an auf ein bestimmtes überkommenes Rollenverhalten hin manipuliert werden. Warum sollte unsere Tochter nicht die Chance haben, Schreinerin zu werden? Autorennfahrerin? Diplomingenieurin? Warum sollte nicht sie der Mensch sein, der die Atomkraftwerke wieder abstellt?

Meine Tochter ist Puppenmutter.

Und sie ist nicht nur Puppenmutter, sie bemuttert auch noch am liebsten die dämlichsten Damen unter der Höhen-Sonne, die Big Mäcs des Feminismus', den Plastik gewordenen Blondinenwitz: Barbies!

Und dann pflegt sie auch noch zärtlichen Umgang mit der weichsten Birne seit Adams Apfel: mit Ken!

Und betüddelt Baby Born, eine kindartige Katastrophe in kahl, weil das so herrlich realistisch in die Hosen macht! Und fährt diesen ganzen Sperrmüll der Bürgerlichkeit, diesen Sondermüll der Emanzipation selig in einem zierlichen Puppenwägelchen spazieren und sagt »Psst, Papa, nicht so laut, die Babies schlafen!«

Was haben wir falsch gemacht?

Hätten wir unsere Tochter schon im Kreißsaal flächendekkend mit Gaga-Barbies, dunkelblondblöden Kens und Monster-Borns bewerfen sollen? Hätten wir bei der bunten Plastikwerkbank besser alle Muttern entfernt?

Nein, unser Fehler war, daß wir alles richtig gemacht haben. Da hatte unsere Puppenmutter-Tochter vermutlich gar keine andere Wahl, als alles falsch zu machen.

Aber vielleicht ist das ja gut so. Vielleicht stellt sie ja gerade deshalb eines Tages, wenn sie erst gemerkt hat, was dieser Ken für ein Weichei ist, die Atomkraftwerke ab. Und nimmt ihr Baby mit.

Das war ich nicht

Kinder sind anders als Menschen. Menschen lügen, Kinder haben ihre eigene Wahrheit.

Wenn mein Sohn beteuert, die (mittlerweile vierte) Blumenvase sei »von ganz von leine« vom Fensterbrett gefallen, dann glaubt er das. So ein Gesicht (das meinem ähnlich sieht) kann nicht lügen. Wenn meine Tochter schwört, sie habe »gar nix« gemacht, denn der (verbeulte und verheulte) Jan habe »angefangen«, dann ist ihre Unlogik wahrhaftig. Lügen haben lange Beine.

»Pack schlägt sich, Pack verträgt sich«, hieß es in meiner Jugend. Klang zynisch, war aber weise. Kinder sind fürchterlich in ihrem Zorn, wandelnde kleine Standgerichte, die aber, kaum hat's »peng!« gemacht, mit dem ehemaligen Todfeind und Delinquenten Vanillequark essen können.

Das gleiche Kind, das noch vor Momenten seinen Vater locker über den Rand des Nervenzusammenbruchs getrotzt hat, um mal wieder so richtig angebrüllt zu werden, nimmt das japsende Vater-Monster in die zarten Arme und küßt feucht dessen Geifer wieder trocken. Dieses Kind hat von einer auf die andere Sekunde mit dem hochgradig verhaltensgestörten, abgrundtief boshaften, amoklaufenden Rumpelstilzchen nichts mehr gemein: Es ist jäh zu einem mildlächelnden, honigsanften Wunder von Kind mutiert. Die Erinnerungen an den Bürgerkrieg im Badezimmer, an Anlaß, Täter, Opfer, Tränen sind ausgelöscht. Das Leben besteht aus lauter Gegenwart, und die ist schön.

Sturzbetrunkene weisen ja ähnliche Symptome auf. Oder wie ist das mit dem Autofahrer, der gerade erst wankend seinem Wrack vorm Baum entstiegen ist und schon seine Unschuld belallt: Hanochnienunfallpfft! Morgen glaubt er

selber an dummen Zufall, blindes Schicksal, technischen Defekt. Bei Kindern geht das Tatsachen-Maßschneidern noch schneller. Oder sie leiden, unheilbar gesund, an Alzheimer junior.

Das ist dieses »Das war ich vor fünf Minuten. Den kenn' ich nicht«, das pädagogische Strafen zu Humbug macht – und zu jeder verkorksten Zeit einen Neuanfang möglich: Durchatmen, Kopf ab, Schwamm drüber! Klar hab' ich dich lieb.

Na dann gute Nacht!

Könnte ja sein, liebe Eltern, Mit-Eltern, Fast-Eltern, Groß-Eltern, Aushilfs-Eltern, daß Ihnen einmal die Gutenachtgeschichten ausgehen. Könnte weiterhin sein, daß das ausgerechnet in einer Phase passiert, in der Ihre Kinder üben, sich vor allem möglichen zu fürchten, zum Beispiel vor fremden Leuten, bekannten Leuten, Spinnen oder Ungeheuern, und daß sie dann besonders dringend beruhigender, absolut unfürchterlicher Gutenachtgeschichten bedürfen. Folgende habe ich mit Erfolg an meiner Tochter ausprobiert als sie noch ungeheuer klein war, bzw. ein kleines Ungeheuer.

Wovor sich Ungeheuer fürchten:
Vor Gänseblümchen. Wenn Ungeheuer ein Gänseblümchen sehen, werden grüne Ungeheuer auf der Stelle blau, rote Ungeheuer gelb und mutige Ungeheuer ungeheuer ängstlich. Und kriegen Pickel. Die sind ihnen peinlich.
Und vor Milch. Wenn Ungeheuer irgendwo ein Glas Milch entdecken, werden sie sofort zappelig, rennen wie aufgescheuchte Hühner von einer Ecke in die andere und jammern: Huh, die Milch! Die schreckliche Milch! An Einschlafen ist gar nicht zu denken.
Und vor Schokolade. Igitt, Schokolade! Schokolade beißt! Schokolade kratzt, kneift, kitzelt, Schokolade erzählt Bösenachtgeschichten! Hilfe, Schokolade! Bring ein Ungeheuer mit Schokolade zusammen, und du kannst den Abend vergessen.
Alles Quatsch? Von wegen.
Was wirst du erst sagen, wenn du erfährst, daß Ungeheuer die überhaupt allergrößte, wirklich ungeheuerlichste

Furcht vor kleinen blonden Mädchen mit wunderschönen blauen Augen haben, die keine Windeln mehr brauchen?
Die lieb zu ihrem Brüderchen sind und keine Leberwurst vom Leberwurstbrot lecken?
Und nie beim Zähneputzen fudeln?
Und Vater und Mutter ehren?
Tja, aber so ist das.

Der Elefant und die Kokosnuß

Noch eine Gutenachtgeschichte

Wahrscheinlich ist dem Elefanten eine Kokosnuß auf den Kopf gefallen. Warum sie fiel und ob sie wer warf – keine Ahnung. Fest steht: Der kleine Elefant wachte mit einem elefantösen Brummschädel auf, mitten im Urwald. Vater weg, Mutter weg, Geschwister weg, Tanten, Onkels weg, weg, weg, sogar die Erinnerung an Vater, Mutter und so fort fort – nur die dicke Beule an seinem Elefantenhinterkopf, die war da. Und sie erinnerte ihn an etwas, an das er sich nicht mehr erinnern konnte.

Stand er nun also mitten im Urwald, hatte keine Ahnung, wie er dort hingekommen war, warum, wieso, wann und wer überhaupt. Nur eines hatte er: Hunger, einen Riesenelefantenhunger.

Ananas aß er, Bananen pfundweise, Kiwis, Kirschen, Kakerlaken – nein, die Kakerlaken spuckte er schnell wieder aus. Pfui! Und als er so vor sich hin mampfte und malmte und gerade noch ein paar grüne Urwaldbaumblätter mit dem Rüssel in seinen Schlund befördern wollte, rief es von einem Ast herab: »Fettsack!«

Fettsack? stutzte der Elefant und hätte sich beinahe an den grünen Urwaldbaumblättern verschluckt. Fettsack?

»Fettsack!« rief es und lachte es keckernd, »dicker, feister, schmerbäuchiger, plumper, aufgedunsener, fetter Fettsack!«

Das war ein Affe, der seinen langen Affenschwanz um einen Urwaldbaumast gewickelt hatte und sich kopfunter herunterbaumeln ließ: »Duuuuuu – Fettsack!!!«

Der Elefant sank in sich zusammen. »Ich bin fett?« fragte er irritiert. »Ich bin ziemlich groß, ziemlich breit, ziemlich

kräftig«, sagte er, »jedenfalls größer, breiter und kräftiger als die anderen Leute, die ich hier sehe, aber ...«
»Fett und häßlich!« krähte der Affe verkehrtrum dem verdatterten Elefanten ins Gesicht, »unnormal, bäh!«
Da ließ der Elefant seine Ohren hängen und stampfte davon, als wollte er vor sich selber davonstampfen und lief und lief – bis zu einem Wasserloch. Daraus hatte schon eine ganze Weile niemand getrunken, so daß die Wasseroberfläche spiegelglatt war und spiegelte wie ein Spiegel.
Der Elefant betrachtete sich furchtsam: Große Ohren, langer Rüssel, dicker Schädel, fetter Hintern – dick! Fett! Häßlich! Das war zuviel.
Er rannte davon, wohin wußte er nicht, Hauptsache weg und tief in den Wald, bis er da war.
Wenn irgendein Tier seinen Weg kreuzte, verbarg er sich. Kam ein Tiger, hüpfte er hinter einen Urwaldbaum, weil er sich schämte. »Wenn der Tiger meinen dicken Bauch sieht, lacht er mich bestimmt aus«, dachte der Elefant. Und er wollte nicht ausgelacht werden, auf gar keinen Fall.
Kam eine Schlange – schwupps – war der Elefant hinter einem Strauch verschwunden. »Schöne lange ranke schlanke Schlange«, dachte der Dickhäuter, schämte sich noch ein bißchen mehr und bekam, so dünnhäutig war er geworden, vor lauter Scham einen roten Kopf.
Das ging wochenlang so. Bemerkte er ein Tier – und sei es eine Urwaldmaus – versteckte er sich in völlig unelefantischer Eile hinter irgendwas und, wo er stand, sah man es weithin dunkelrot leuchten. Das war sein Kopf. Peinlich.
Er aß übrigens schon lange nichts mehr. Keine Ananas, keine Bananen, keine Kiwis, gar nichts. Nicht mal Kakerlaken, die er sowieso nicht aß. Und er wurde mager, seine Haut wurde faltig, richtig schlappmatt wurde er, doch je leichter er wurde, desto schwerer wurde sein Herz.
Da hörte er eines Tages ein seltsames Trompeten, das ihn

mit einemmal merkwürdig wachtrompetete: »Püüüööö-öthhh!«

»Oha«, dachte er, »was ist denn das?«

»Püüüüööööthhh!« kam es wie zur Antwort.

Schon war er, der so lange matt und müde im Urwaldgras gelegen hatte, auf den Beinen, die ihn kaum trugen, obwohl er doch so abgenommen hatte. Das erinnerte ihn an was.

»Püüüöööthhh!« – Ob er wollte oder nicht: Er folgte diesem Trompeten wie einem Ruf. Schwankte zwischen Urwaldbäumen hindurch, torkelte übers Urwaldgras, stolperte über Urwaldameisenhaufen. »Püüüöööthhh!« Es klang schon näher. Und immer, wenn er ein Tier bemerkte, warf er sich ins Gebüsch. Und stand immer wieder mühsam auf, wenn es wieder machte »püüüüööööthhh!«

Hoppla! stand er auf einer mittelgroßen Lichtung. Und hoppla! sah er sie: eine ganze Herde Elefanten, Mutter, Vater, Geschwister, Tanten, Onkels, dick, groß und stark.

»Na, da bist du ja, endlich«, sagte Elefantentante Karin, »aber du siehst scheußlich aus.«

»Ich weiß«, sagte der kleine Elefant kläglich und lief wieder rot an wie eine Urwaldtomate, »ich bin dick und ...« –

»Dick??? Mager, dürr, klapprig, spirrig, wie ein Schluck Wind siehst du aus«, sagte die Elefantentante, »unelefantisch!«

»Ha?« fragte der Elefant und verstand gar nichts mehr und hätte sich am liebsten wieder im Urwald verkrochen. Aber die Verwandten umrüsselten ihn zärtlich, stupsten ihn mit ihren langen Nasen, streichelten mit ihren großen Ohren und fütterten ihn mit köstlichen Ananas, süßen Bananen, saftigen Kiwis, Kirschen, Blättern, Blumen. Und er aß. Und er aß. Und er aß.

Und er aß.

Und wurde dick und rund und stark.

»Gut siehst du aus«, sagte die Elefantenfamilie eines Tages, »richtig schön dick! Wie wir!«
»Ehrlich?« fragte der kleine Elefant, der auf einmal ein bißchen gewachsen schien, und alle miteinander trompeteten den letzten Selbstzweifel aus seinem roten Kopf, der schon fast wieder rot anzulaufen begann: »Na klar!« Und eine fette unfaltige Elefantendame zwinkerte ihm sogar zu: »Willst mich heiraten?« Und diesmal wurde sie dabei rot. Und zur Antwort trompetete der Elefant ein gewaltiges, selten gehörtes, markundbeinerschütterndes »Püüüöööötthhhh!« über die Lichtung, so glücklich war er, so schön fand er sich, so rund und wohl fühlte er sich.
Dieses Trompeten fegte eine Menge Urwaldbaumblätter von einer Menge Urwaldbäumen, ließ Urwaldblüten von Urwaldblumen wie buntes Schneegestöber durch die Luft tanzen und scheuchte eine Menge von Urwaldtieren aus ihrem Schlaf.
Einen Affen, der auf einem Ast eingenickt war, erwischte es am schlimmsten. Der erschreckte sich bei dem enormen »Püüüüöööötthhhh!« derart, daß er vom Ast fiel, bums, genau auf den Kopf, und erst eine ganze Weile später mit einer Riesenbeule und einem Riesenbrummschädel erwachte.
Aber das war ja vielleicht ein ganz anderer Affe und ist vielleicht eine andere Geschichte.

Wenn's um die Wurst geht

Die Welt im allgemeinen, wir wissen das, ist nicht nur voll von Menschen, Pollen, Müll und Reklame, sondern auch von ewigen Wahrheiten, die entweder so alt sind, daß sie nie gestimmt haben können oder daß sich keiner mehr daran erinnern kann, daß sie mal gestimmt haben; oder so falsch, daß man schon bei dem zartesten Ansatz von kritischem Nachdenken darauf käme, daß sie immer schon falsch waren. In der Elternwelt im besonderen aber brüllen seit ewigen Zeiten immerzu so viele Kinder und zwar so laut herum, daß man keinen klaren Gedanken mehr fassen kann und sich eben darum immer wieder an diese sogenannten Wahrheiten klammert.

Eine dieser Wahrheiten ist, daß wo einer satt wird, auch zwei satt werden.

Stimmt ja im Prinzip: Aber eben nicht von derselben letzten Scheibe Mortadella. Und das kann bei zwei kleinen wohlgenährten mitteleuropäischen Bürgerkindern, die zum Beispiel Jan und Rosa heißen, zu einem echten Problem werden, und zwar in genau dem Augenblick, da eines der beiden wohlgenährten mitteleuropäischen Bürgerkinder irgendwann Anspruch auf diese ultimative Wurstscheibe erhebt.

Nun wäre die Wurst, um die es hier geht, gewiß fröhlich vor sich hin vergilbt, würde sie nur eine von zwei Scheiben gewesen sein. Da es aber nun einmal die letzte war, brach bei uns am Küchentisch der Rinder-Wahnsinn schon aus, noch bevor eins von beiden in die Wurst gebissen hatte: Kinder-Wahnsinn.

Der Kinder-Wahnsinn äußert sich zunächst in jäh aufsteigendem übermächtigen Heißhunger auf eine spezielle

Scheibe mittelalter Mortadella und verschlimmert sich dadurch, daß diese eine Mortadella-Scheibe in vier Kinderaugen gleichzeitig zu einer gralsmäßig sinnstiftenden Kostbarkeit anschwillt; der Wahn schnappt in der Vorstellung über, daß die Mortadella-Scheibe an und für sich noch unteilbarer erscheint als heute Deutschland und früher der Atomkern.

Was tun?

Um das böse alte Kain-und-Abel-Drama, das sich hier beim Frühstück anbahnt, zu vermeiden, muß Papa die Wurstscheibe persönlich essen, obwohl er Mortadella aus tiefem Herzen verabscheut und mit all seiner Autorität jedem seiner von soviel Hartherzigkeit erschütterten Kinder zwei exakt gleich große Salami-Scheiben aufs Butterbrot zirkeln. Das kann man dann Salami-Taktik nennen oder einen pädagogischen Salto Mortadella.

Man könnte aber auch eine neue ewige Wahrheit daraus ableiten: Wo zwei nicht satt werden, wird's ein dritter, der's schon war. Mal drüber nachdenken …

Ruhe!!!

Sind Sie etwa gut erholt?

Na, sind Sie auch wieder da?
Haben Sie auch gerade drei hundertprozentig kollegenfreie Wochen Sonne, Sand, Nichtstun, Nichtkochen, Nichtabwaschen, Nichttelefonieren genossen?
Sind Sie gut erholt?
Nein?
Dann haben Sie Kinder.
Dann sind Sie zwar wieder einigermaßen zu Nerven gekommen und haben guter Dinge die Heimfahrt angetreten, angeschoben von lindem Heimweh und inniger Sehnsucht nach Schwarzbrot, Leberwurst und eigenem Bett mit der persönlichen Schlafkuhle.
Aber nach Kilometer 25 mußte Ihr erstes Kind aufs Klo, bei Kilometer 62 wurde Ihrem zweiten Kind übel, das aber bei Kilometer 77 dringend wieder was essen mußte, während sein geliebtes Geschwister zum zweitenmal aufs Klo mußte. Das war kurz bevor Ihr erstes Kind das erstemal fragte: »Sind wir bald da?«
»Ja, mein Schatz«, haben Sie geantwortet, »es sind nur noch 650 Kilometer.«
»Ist 650 Kilometer weit?«
»Ach, nein, geht so. Schlaf besser.«
»Bin aber nicht müde.«
»Ich bin aber müde.«
»Dann schlaf doch.«
»Tann aber nicht schlafen. Rosa macht mich immer wach.«
»Jan macht mich auch immer wach.«
»Deloden, Dummtopf!«
»Mir ist übel.«

»Ich hab Hunger *und* mir ist übel.«
»Auch!«
»Pipi machen!«
»Sind wir bald da?«
Erfahrene Eltern wie Sie sind natürlich darauf vorbereitet. Erfahrene Eltern wie Sie werden irgendwann damit angefangen haben, »Ichsehewaswasdunichtsiehst« zu spielen, bis so ziemlich alles im Auto inklusive Wespen-Kadaver auf der Windschutzscheibe und schwarzem Höhenreglerknopf am Radio restlos abgesehen war. Dann haben Sie, Profis, die Sie sind, angefangen, stinklustige Kindergartenlieder zu singen und mehrere Kanons einzuüben, die sie allerdings weitgehend allein bestreiten mußten, was speziell Kanons noch selten attraktiver gemacht hat.
Außerdem waren Sie da schon taub von krächzenden Bibi-Blocksberg- und Babar-fährt-nach-Afrika-Kassetten, heiser vom Kinderbüchervorlesen, und Ihr so vorbildlich gebräunter Nacken war seit Stunden schmerzenssteif vom Kinderbücherbilderschrägnachhintenzeigen.
Im ersten Stau haben sich Ihre Kinder gegenseitig verhauen bis zum zweiten Stau. Im dritten Stau bekamen Sie selber Lust, Ihre Kinder zu verhauen.
Sie haben Ihre Kinder nicht verhauen, aber Sie haben damit gedroht. Außerdem haben Sie damit gedroht, nie mehr in diesem Leben um diese Zeit mit diesem Auto und mit diesen Kindern in den Urlaub zu fahren.
Nie mehr bis zum nächstenmal.

Ernst des Lebens

So, jetzt hätten wir also ein I-Mädchen. Seit zwei Wochen war unser I-Mädchen mit wichtigem Gesicht und Dinosauriertornister zwischen Garten, Wohn- und Badezimmer herumgerannt und hatte jeden Morgen (viel zu früh!) strahlend ein weiteres Feld von der Schulschlange durchgestrichen: »So oft muß ich schlafen, dann bin ich ein Schulkind!«

Und nun stand sie da, auf einmal einen halben Kopf kleiner als Freund Mats, mit Dinosauriertornister und optimistischer Schultüte, scharf beäugt, doch irgendwie verloren unter 60 Kindern mit Dinosauriertornistern und optimistischen Schultüten auf dem Schulhof, noch ganz benommen vom Gottesdienst mit Liedern und Gottes Segen und dem ganzen schicksalsschwangeren Brimborium und schaute noch einmal für eine Ewigkeit kurz mit großen staunenden Augen zurück. Und dann schellte die Schulklingel, und dann war sie weg, und uns I-Eltern, ach, war weh ums Herz.

Wir hätten ihr so gerne noch etwas gesagt: von Mathematikarbeiten und Kinderwiediezeitvergeht, vom Aufstehen um 6.30 Uhr an naßkalten Novembertagen, von Kopf hoch und von Drangewöhnen. Und von kommenden Enttäuschungen, von Tränen, die versiegen, von Alleskeinbeinbruch und von bösen Jungs, und davon, daß sie ihre alten Eltern immer recht lieb haben soll und, bitte, sonntags besuchen, wenn sie erst aus dem Haus sein wird und eigene Kinder haben, unsere Enkel.

Aber da war sie schon weg, verschluckt vom großen lauten bunten wieselnden Tornistermonster, das wiederum von der stummen großen grauen Schule verschluckt wurde,

und wir waren auf einmal ganz allein wie die anderen hundert I-Eltern und I-Großeltern mit ihren Nimmsleicht-Lächeln, den Videokameras, Fotoapparaten und schweren, schweren Gedanken.
Ja, so ist der Lauf der Dinge, wir wissen das. Aber wir Abgenabelten müssen uns noch daran gewöhnen, daß unser kleines hübsches Baby, das auf einen Unterarm paßte, Seidenhemden und Krawatten vollsabberte und zwei Jahre lang eine Frisur hatte wie eine Dreiband-Billardkugel, für dessen Windeln wir eine eigene Deponie gebaut haben, das gestern noch morgens, mittags und sogar nachts (drei- bis viermal) ausschließlich für uns da war, jetzt erwachsen ist: sechs Jahre alt, neugierig, selbständig und nun für ganz andere Menschen da, die Frau Schulte-Reintges heißen, die Fragen haben und Antworten wollen und Buchstaben und Zahlen und Lieder und Geschichten und ihre eigenen Ansprüche.
Und so hat denn wohl tatsächlich am vergangenen Dienstag der Ernst des Lebens begonnen, für uns.

China, wir und 52a

Wissen Sie, warum es so viele Chinesen gibt?
Ich weiß es: Weil die Chinesen so viele Kinder haben, lauter Chinesen.
Chinesen sind nämlich ein kinderfreundliches Volk, und so was spüren Kinder. Also kommen sie besonders gern und häufig in China auf die Welt. Darum.
Auch meine Kinder mögen Chinesen. Vor allem mögen sie den netten Chinesen unweit vom Essener Landgericht, weil es da immer ausnahmsweise Tota Tola gibt und ein großes Aquarium. In dem hält der Chinese so tolle bunte Fische, denen manchmal Flossen fehlen, und manchmal fehlt sogar der ganze Fisch. Der könnte dann mit Haut und Haar (»Schuppen, Rosa, Schuppen!«) von einem anderen bunten Monsterfisch aufgefressen worden sein, und das gefällt meinen Kindern.
Auch gefällt meinen Kindern, daß es beim Chinesen knusprige »Olympia« mit Soja-Maggi gibt und messerscharfe, völlig kinderfeindliche Pekinggulaschsuppe, manchmal sogar beides, und man so lange mit Stäbchen essen darf, bis der Reis kalt und der Teppich voll Reis ist und es trotzdem zum Nachtisch einen Lutscher gibt, echt originalchinesisch aus der Metro.
Und vor allem gibt es da total echte Chinesen. Die haben so schöne Schlitzaugen und strähnige Haare und sind auch im Winter immer irgendwie so anders braun und freundlich, und die sprechen so lustig: »Widdha schueinunfunnzich-a? No ein Faum-Uein? Hatte gute smeck?«
Dann kann man sich immer so schön kaputtlachen, und die freundlichen Chinesen lachen immer mit.
Und sie sagen »hallo, Rosa!« zu Rosa, denn als Rosa gebo-

ren wurde, da begab es sich, daß auch ein kleines Chinesenkind geboren ward, und als Papa sich nach der Geburt Rosas abgekämpft und hungrig zum Chinesen schleppte (weil gewordene Väter nämlich dringend was essen müssen und keineswegs mit alten Kumpels saufen), da wußten die klugen kinder- und väterkundigen Chinesen ganz genau, wie Papa zumute war. Und brachten jede Menge Faum-Uein.

Seitdem gehen die Bartels noch häufiger zum Chinesen als vorher und bestellen 52a und sagen zu Pflaumenwein längst auch nur noch Faum-Uein, und seitdem grüßen die Chinesen auch Mama und Papa, und seitdem Jan kurz vor einer chinesischen Reistafel zur Welt kam, natürlich auch Jan.

Seit langem schon plaudern die Chinesen jedesmal ein bißchen mit den Bartels, wenn sie zum Essen kommen, über Kinder, 52a und die Welt. Sie sagen sogar mittlerweile »hallo Leyla, hallo Jörg«, und das ist bei Chinesens nun wirklich eher selten.

Aber mit Kindern geht das.

Er ist eine Schnette

Der Fortschritt sei eine Schnecke, hat wer Kluges mal klug gesagt, und wir wollen das vollinhaltlich aufs schärfste unterstreichen – unter der Voraussetzung freilich, daß es sich bei der Schnecke um ein Tier handelt, das gaaaanz laaangsam voooorwärts krieeeeeecht bis es, endlich am Ziel angelangt, zack! einen mordsmäßigen Salto rückwärts schlägt, um ziemlich genau dort wieder anzukommen, wo es losgekrochen war.
Das ist bei Schnecken, wie Sie zugeben müssen, eher selten. Ist aber bei Kindern, wie Sie wissen, wenn Sie welche haben, die Regel. Und das muß man halt wissen, wenn man zu jenem optimistischen Dauerscheitern übergeht, das man so gerne Erziehung nennt.
Coca Cola, so lautete die Abmachung mit unserem – zu schönsten Hoffnungen Anlaß gebenden, Coca-Colabegeisterten, doch beharrlich Tota Tola sagenden – Kind, gibt's genau an dem Tag, wenn du Coca Cola sagen kannst. Also mit »K« wie Kakerlake, komischer Küchenkreppkarton, Haus Koekkoek in Kleve oder aber auch keckernder Kokottenkäferkokonkiller und ähnlich sinnvolle Sachen mehr. Dann gibt's sogar eine unglaublich kinderverderbende, eiskalte und unrettbar süchtig machende Anderthalbliter-Pulle zur freien Obwaltung und, was das Allertollste ist (pädagogisch, wissen wir ja, katastrophal, aber eben das Allertollste), ohne die Verpflichtung, deiner Schwester etwas davon abzugeben.
So übte er denn: »t«-»t«-»t«, »T-ota-T-ola« und »t«-tete im zähen Selbstversuch wiederholt den Badezimmerspiegel naß und mühte sich überhaupt redlich. Wenn auch vergeblich, und das tat uns um so leider, als wir ja ebenfalls dar-

unter litten, daß ein kluger Satz wie »Coca Cola find' ich noch klasser als Kristians Ritterburg, echt« ohne ein einziges »K« oder »G« nun mal nicht mehr halb so klug klingt wie mit.

Aber!

Aber neulich morgens sagte er nicht wie sonst viel zu früh und fröhlich »duten Morden«, sondern ein triumphierendes »K-k-koka K-k-kola« und grinste dabei wie eine Speckschwarte.

Nachdem wir uns gegenseitig davon überzeugt hatten, daß wir wirklich schon wach waren (und uns nachhaltig versicherten, daß wir das nagelneue »K-k«-Stottern bestimmt auch noch wegkriegen würden), fuhr Papa noch vorm Frühstück zur Bude, Cola kaufen, und alle, alle waren glücklich.

»Hab' ich ihm beigebracht«, warf unsere anmutige Tochter beiläufig ein, entweder um der Wahrheit die Ehre zu geben oder um sich ihren Anteil am Getränk zu sichern: Immerhin hatte sie ja Schmiere gestanden, als sich der sensationelle K-k-konsonant aus des Bruders Munde stahl.

Er trank, sie trank.

Und er sagte dante.

Mensch, ärgere mich nicht!

Wir wollen Sieger sehen. Wir lieben Sieger. Wir wären gern selbst Sieger gewesen. Abonnementssieger. Unsere Kinder sollen Sieger sein.

Siegen macht Spaß und glücklich. Siegen fällt leichter, wenn man schon mal gesiegt hat, und für die Erkenntnis, daß Erfolg der Vater des Erfolges ist, muß man nicht acht Semester Pädagogik studiert haben.

Allerdings braucht der Sieger als solcher Verlierer, denn Mensch-ärgere-dich-nicht alleine zu spielen, ist zwar risikolos, aber kreuzblöd. Also verlieren wir Eltern von Siegern als Abonnementsverlierer beim Mensch-ärgere-dich-nicht tapfer für unsere Kinder vor uns hin.

So weit es geht.

Denn, abgesehen von der genetisch interessanten Frage, ob Dauerverlierer Dauergewinner hervorbringen können, ist das Dauerverlieren ziemlich unwahrscheinlich. Jedes blinde Huhn trinkt mal einen Korn, hat Opa Heini schon gesagt, und auch ein mensch-ärgere-dich-nicht-mäßiger Kamikaze-Kandidat kann nicht zur Gänze ausschließen, daß er irgendwann aus dummem Zufall oder in einem Moment der Unachtsamkeit einmal eine Zahl würfelt, die ihn dazu zwingt, das eigene Fleisch und Blut rauszuwerfen. Die Nummer mit dem »tja, Würfel steht auf Kippe. Noch mal« ist nicht endlos auszureizen. Das merkt der sensible Sieger und will einen ehrlichen Verlierer.

Hauptsache Verlierer, klar

Aber auch Hauptsache ehrlich.

Und dann fliegt der Sieger raus und ist für einen kleinen Moment keiner mehr, und die ganze schöne Straße des Erfolges ist ein Trümmerhaufen.

Und dann fliegt das Mensch-ärgere-dich-nicht-Brett wütend durchs Wohnzimmer, und dann fliegen rote, gelbe, grüne und schwarze Nüppchen in hoher Phonzahl hinterher, und dann hebt an ein schreckliches Heulen und Zähneknirschen und Mordsgeschrei, ein »Ist doch nur ein Spiel« in schalldämpferischer Absicht und sogar ein kriecherisches »Schau mal, jetzt werf ich mich gleich selber raus, haha«. Aber auch ein erstes lindes Zweifeln daran, daß man durch schieres Siegenlassen Sieger macht.
Man kann nämlich nicht immer siegen, mein Sohn, und muß auch mal mit Anstand verlieren können. Gute Verlierer sind nämlich leiser, und man muß ihretwegen nicht unter Sofas kriechen, um Nüppchen zu suchen.
Außerdem kann man dann auch mal selber siegen.
Aber wer erzieht schon seine Kinder, um sie zu guten Verlierern zu machen?
Sie?

Glatt gelogen

Wie kam eigentlich die Lüge in die Welt? Klar: durch Adams oder Evas Apfel, im Kern jedenfalls.

Aber vielleicht hat bei der Premiere nur jemand die Wahrheit vergessen? Oder verlegt, brauchte sie plötzlich, fand sie nicht und mußte in der Not lügen? Ebensogut möglich, daß die erste Lüge als reine Wahrheit erschien – eine Frage der Perspektive. Fragen Sie doch mal den Torwart, wo der Elfer reingegangen ist: rechts oder links unten? Und dann den Schützen.

Fragen Sie doch mal meine Kinder, wer mit dem Hauen angefangen hat.

Zyniker behaupten, Wahrheit sei nur ein Mangel an Phantasie. Aber selbst Nichtzyniker räumen ein, daß es mitunter Wichtigeres gibt: Nein, ich muß nicht zum Klo, sagt das spielende Kind, eine Minute bevor es sich nach allen Regeln der Kunst volltrieft.

Nein, du mußt keine Angst haben, sagen Eltern, wenn das Kind scheut. Die Menschen sind gut, Flugzeuge stürzen nicht ab, und Omas sterben selten.

Und ich bin immer für dich da. Sowieso.

Lüge ist Wahrheit in Dosen, und wir machen unsere Kinder aus lauter Liebe abhängig davon: füttern sie mit Märchen an, flunkern sie mit Tröstungen halbgroß und mogeln, bis sie uns über den Kopf wachsen, auf dem wir uns die Haare raufen (»Ja, der Mann ist furchtbar fett – aber sag's jetzt bittebitte nicht!«). Lügen haben lange Beine. – Das wissen wir, wenn wir ehrlich nachdenken, und erinnern uns historischer Aufrichtigkeitsschwüre, die wir heute ungern grüßen; und stehen doch enttäuscht vor dem wunderbaren Menschen, mit dem wieder die Wahrheit in

die Welt kommen sollte. Und der eigentlich noch viel zu klein ist, um falsch Zeugnis zu reden.
Mein Sohn hat mich angelogen, kackfrech. Hat auf dem Weg zum Kindergarten unter seinem Sweatshirt, unterm Zeichen Batmans (der fliegen kann und Räuber, Monsters und Lügner verhaut) eine Spielzeugpistole verborgen wie Al Capone seine Whiskey-Pulle während der Prohibition. Das schlechte Gewissen lief auf seinem Gesicht Reklame, und die verräterische Beule unterm Hemd war auch für weniger liebesblinde Eltern nicht zu übersehen.
Ich entschied mich, lieber nichts bemerkt zu haben. Die Würde des Menschen ist unantastbar. Außerdem waren seine Verrenkungen beim Anschnallen des Dreipunktgurtes tränentreibend und die Anstrengung, sich unverdächtig wieder rauszuwinden, ohne daß die Knarre runterfiel, bewundernswert. Als ich meinen Sohn entwaffnete, entwaffnete der mich mit einem großäugigen »Wollte ich nicht in den Kindergarten mitnehmen, Papa. Dürfen wir ja nicht. Brauchte ich nur fürs Auto«.
Ich habe gesagt: Ja, klar.
Die Lüge kam durch einen Apfel auf die Welt. Aber er fiel weiß Gott nicht weit vom Stamm.

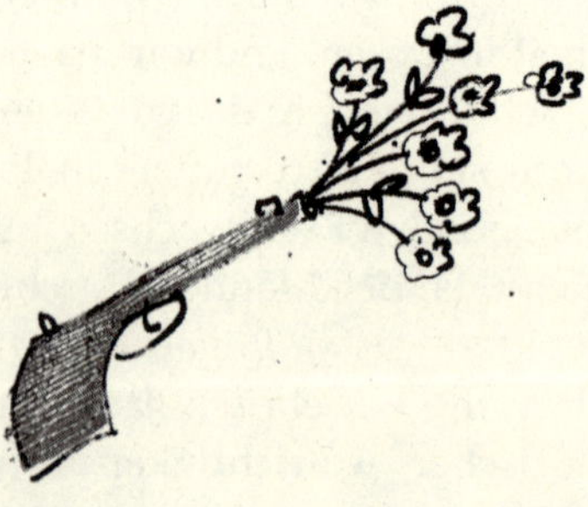

Vom Winde geweht

Liebe Eltern, sagen Sie mal Aaaaah! Denn aus gegebenem Anlaß nehmen wir heute die Kinderkrankheiten durch. Zum Beispiel die Windpocken. Im noch druckfrischen Buch von Frau Dr. Kovács und Frau Dr. Linder mit dem optimistischen Titel »Kinderkrankheiten erkennen und behandeln« (Ravensburger Buchverlag, 288 S., 34,– DM) stehen die Windpocken zwischen Windelausschlag und Würmern, die uns (nicht mehr oder noch) nicht weiter interessieren.

Da lesen wir einiges Wissenswerte über den Krankheitsverlauf, über das Fieber zum Beispiel, das 14 Tage nach der Ansteckung auftritt, über die »rötlichen knötchenhaften Flecke von der Größe eines Stecknadelkopfes«, daß man nicht kratzen lassen soll, wenn's juckt, und ein paar Zeilen darunter fettgedruckt »Sofort zum Arzt!«, wenn nämlich »Symptome hinzukommen, die auf eine Lungen- oder Gehirnentzündung hinweisen«: Plötzliches Husten etwa, ständiges Schreien oder Wimmern bei Babys oder Kleinkindern oder »Überstrecken des Kopfes«.

Das Heilsame an Ratgeberbüchern ist, daß wir uns spätestens jetzt, und nicht erst bei schrecklichen »Einblutungen in den Bläschen«, über ganz normale Windpocken freuen. Überhaupt sind solche Ratgeber für Symptomesammler, weiterbildungshungrige Hypochonder und Katastrophengaffer jenseits der Autobahnen eine Fundgrube. Wer bis dahin noch nicht vor Sorge krank war und den Kopf überstreckte, kann nach der Lektüre seiner Panik freien Lauf lassen.

Und sonst? Steht da praktisch nichts darüber, ab wann und wie lange die Biester (die Pocken) ansteckend sind; nichts davon, wie man das Kratzen verhindert, wenn auch die anempfohlenen juckreizhemmenden Mittel, die der Kinderarzt bestimmt seiner Familie gibt, versagen. Wie man Narben umgehen kann bzw. mit Narben umgehen kann, die bleiben, bis sie von Zellulite, Falten und Altersflecken abgelöst werden. Und kein Wort darüber, wie man die armen Würmchen, die vom Juckreiz gepeinigt werden, in den Schlaf kriegt. Möglichst noch in den eigenen.

Wer schreibt uns mal, warum der Juckreiz bei Peter-Pan-Videos verfliegt, während er, sobald man die Kinderzimmertür von außen zugemacht hat, quasi bruchlandet. Und warum, sofern es zu Mittag Gemüse gibt, sogar noch Fieber hinzukommt, das aber beim Nachtisch – schwupps! – wieder fällt.

Das hat die Wissenschaft entweder noch nicht festgestellt, oder sie will es nicht verraten. Wir aber wollen uns damit trösten, daß sogar Kinderkrankheiten angeblich vorübergehen, auf plötzliches Husten achten, doch jedes elterliche Überstrecken des Kopfes meiden.

Das wird schon wieder!

Warum, darum und dann

Dr. Stratmann, dem Bottroper Arzt und Essener Kabarettisten, verdanken wir die gehaltvolle Frage, warum bloß diese ganzen gefährlichen Dinge einfach so ohne was zu kaufen sind: fette Leberwurst, dick Butter, lecker Schlachsahne, schön Stückchen Schokolade. Wohingegen es all die guten und gesunden Dinge nur auf Rezept gibt: Cholesterin-Senker, Anti-Allergica, Herzpillen.
Da haben wir sehr gelacht, und jetzt weiß ich auch, warum: Weil Fragen wie diese, die uns der Onkel Doktor da verordnet, Grundfragen sind, provokante, absolut berechtigte Kinderfragen.

Warum muß man abends früh ins Bett?
Damit man morgens früher wach wird.
Warum muß man morgens früher wach werden?
Damit man fitter für die Schule ist.
Warum muß man fitter für die Schule sein?
Damit man später einen besseren Beruf kriegt.
Warum muß man einen besseren Beruf kriegen?
Damit man glücklich und zufrieden ist.

Aaaaber:
Aber man wäre doch schon jetzt ausgesprochen glücklich und vollkommen zufrieden, wenn man nicht schon ins Bett müßte. Es würde völlig ausreichen, wenn Mama oder Papa oder am allerbesten alle beide ein, zwei Stunden lang oder drei oder bis zum Koma Gutenachtgeschichten vorläsen, milde vom Stuhl fielen und morgens lachend und scherzend und topfit mit nagelneuen Gutenmorgengeschichten wieder da wären.

Nein, zum Glücklichsein müßte man morgens überhaupt nicht früher raus und abends auch nicht früher rein. Mit dieser schlichten Feststellung erübrigt sich das ganze Gerenne und Getue und Gewecke zwischendurch. Wachbleiben und liegenbleiben, das ist es. Schokolade essen und dick werden, das auch.

Morgens nicht waschen, abends nicht Zähne putzen, Fernsehgucken bis zum Alptraum: Kinder haben eine unscharfe, aber sehr präzise Vorstellung von dem Kreislauf, in den sie sich hineinbegeben, wenn sie auch nur ein Gran von ihren Urbedürfnissen abweichen: wachbleiben, liegenbleiben, fernsehgucken, schokoessen. Dann kleben sie am Fliegenleim der Zivilisation und müssen das eine tun, das sie nicht wollen, um fit zu sein für das andere, das sie auch nicht wollen.

Wenn man nämlich das alles nicht nur ohne Widerspruch tut, sondern auch noch andere dazu zwingt zu tun, was sie nicht wollen, dann ist man – was? Richtig: nicht glücklich. Nur erwachsen.

Windpocken

Es juckt. Seitdem Jan die Windpocken hat, juckt es in der ganzen Familie überall. Nicht weil Windpocken anstekkend sind, sondern weil Jucken ansteckt, und darum hat seit kurzem zum Beispiel das gemeinsame Abendessen einen ganz besonderen Reiz: Juckreiz.
Mein Sohn sieht – seltsam aus. Zwar trägt er auch sonst überwiegend großflächig Kriegsbemalung, Wund-Pflaster, Batman-Maske oder den halben Garten im Gesicht, so daß wir ohnehin nicht mehr genau zu sagen wüßten, wie er denn eigentlich aussieht.
So jedenfalls nicht: Überall hat er Pocken, kleine, große, rote, einige mit Bläschen und andere trocken. Außerdem ist er von Kopf bis Fuß weißgepunktet wie nach einer Tortenschlacht mit ganz klitzekleinen Torten, denn die Gattin hat per Pipette Pöckchen für Pöckchen mit heilender und (zumindest seinen) Juckreiz hemmenden Zinksalbe betupft. Die gehen auch nicht ab, wenn er nach der Tupfkur seine Eltern herzlich in die Arme schließt. Dann sehen wir ihm ähnlich.
Windpocken haben einen Vorteil: Wenn man sie gehabt hat, sind sie nicht mehr ansteckend. Sie haben aber auch den Nachteil, daß man Herbstferien auf niederrheinischen Bauernhöfen abblasen muß, auf die man sich ein halbes Jahr gefreut hat. Dann möchte man die Pocken und den Bruder am liebsten in den Wind schießen und trauert, vor allem, wenn man Schwester ist und Pferde liebt, weint und nichts dafür kann.
Und wenn man Eltern ist und Omas und Opas mal wieder auf Jück oder Mallorca sind, weil sie ja zu den »Neuen Alten« gehören, statt im Schaukelstuhl zu sitzen, milde strik-

kend und mit banger Erregung auf die Enkelkinder wartend.

Also gehören neben Pickeln, Pocken und Stippen auch hiobsmäßiger Trübsinn und gereizte Stimmung unbedingt zu den Symptomen dieser angeblichen Kinderkrankheit. Und die befielen alle. Außer Jan. Der kriecht mit weißen Zink-Stippen und nacktem Hintern fröhlich durch die Wohnung und kräht »Ich bin ein Dalmatiner! Ich bin ein Dalmatiner!«

Papa, sag mal Stern!

Sagte ich schon, daß meine Kinder reimen? Sagte ich schon. Aber nicht, wie schrecklich das ist. Denn die ganze Klasse 1 a in der Heimaterde reimt, nach Windpocken und Scharlach ist eine Reim-Epidemie ausgebrochen. Und da reimt sich Schreckliches zusammen.

»Sag mal Stern!« sagt meine Tochter, und dann sagt man »Stern«. Und dann sagt sie »Deine Glatze ist modern!« und lacht sich kaputt. Und dann muß man auch lachen, weil sie so lachen muß und weil es ja immerhin ziemlich originell gereimt ist. Obwohl man ja über Behinderungen keine Witze hören will, vor allem nicht über eigene. Und weil man lacht, lacht sie noch mehr, und wegen des großen Erfolges sagt sie gleich noch mal »Sag mal Stern!« Und dann denkt man, jetzt komme was Neues, aber sie sagt wieder »Deine Glatze ist modern!« Und lacht sich wieder schlapp. Auch das bereits ziemlich bemühte Eltern-Lächeln hindert sie nicht, es noch einmal zu versuchen: »Sag mal Stern!« Und schon sagt auch der Bruder, der noch viel zu jung ist zum Reimen, »Sag mal Stern!« Und sie hören nicht eher auf, bis jeder mindestens achtmal »Sag mal Stern!« gesagt hat und Bauchkrämpfe hat vor Lachen.

Sie können aber leider noch andere Reime. Einige davon sind sogenannte unreine Reime (»Sag mal Reim – du brichst dir ein Bein«) und tun weh, andere sind überhaupt nicht jugendfrei (»Sag mal ... – ...!«), und man wundert sich, an welchem Grundschülerstammtisch sie die wohl aufgeschnappt haben mögen; wieder andere Reime würden, wären sie Filme, erst »ab 12« freigegeben: »Sag mal Klettergerüst!« – »Klettergerüst.« – »Du hast 'ne nackte Frau geküßt, hääähähääää!«

Sie lachen Tränen, und ich küsse demonstrativ meine Frau vollständig bekleidet.
»Sag mal Klettergerüst!«
Es sind fast immer zweifelhafte Reime, und irgendwann dämmert es auch Eltern, die bereits die große Dichterdynastie aufs glücklichste fortgesetzt wähnten, daß es hier eigentlich gar nicht um den Reim geht, sondern um Frechheiten (»Sag mal Hof! – Du bist doof!«). Die lieben Kinder (»Sag mal Barsch!«) wollen gar nicht Dichter werden, sondern frech. Der lyrische Einklang ist ihnen schnurz, sie wollen die Provokation.
Wo soll das enden? Bei »haut die Bullen platt wie Stullen« und »wer zweimal mit derselben pennt«? Oder bei »keine Sorge, Volksfürsorge« und »Dusch das, das Dusch-As«? Man möchte graue Haare kriegen und ihnen das in aller Deutlichkeit sagen. Aber bestimmt gucken sie dann nur grinsend auf Papas Hinterkopf und sagen »Sag mal Stern!«

Die spinnen, die Kinder

Wenn einer fast am Herzklabastern stirbt, und der Arzt weiß nicht warum, dann nennt man das »vegetative Dystonie«. Wenn Kinder sich wie die Verrückten aufführen, und die gesamte abendländische Zivilisation steht ratlos daneben, dann »wächst sich das aus«.

Omma hat immer, wenn man ihr, der mehrfach leid- und kindgeprüften Mutter, die schönsten Symptome erzählte und auf Beistand hoffte, entweder gesagt, das komme bestimmt »von den ganzen Atomversuchen« oder »jaaaa, das is auch so was ...«. Omma ließ sich nicht verrückt machen.

Aber: Man verkauft nicht seinen Schultornister für eine Mark zweiundfuffzig; man tauscht nicht seine nagelneue, absolut regenfeste, dabei atmungsaktive und mikrofaserleichte (schweineteure) Wind-und-Wetterjacke gegen drei rosa Pferdevielliebchen; und vor allem anderen steckt man nicht seine Hand in einen Toaster, drückt den Toasterschieber gaaanz nach unten und kriegt die Hand nicht mehr raus, drei Stunden vor dem Kindergeburtstag.

Das tut man nicht.

Aber Kinder tun das.

Kinder sind nämlich Spinner. Und kleine Kinder sind die allergrößten, denn sie tun am laufenden Band Dinge, die Menschen normalerweise nicht tun. Normale Menschen meiden in der Regel schlechte Geld- und Tauschgeschäfte sowie Toaster von innen, und sie laufen auch nicht in der Heimaterde herum und rufen: »Hoho, ich bin der fiese Ritter!«

Sie machen sich statt dessen so unauffällig, daß sie sich selbst nicht mehr erkennen, fahren weit weg, um zu sich zu

kommen, begeistern sich für Dinge, die andere Leute interessieren, und stellen sich in der Schlange hinten an (statt vorne, wo's viel schneller ginge).
Was ist schon normal?
Normal ist, wenn der Nachbar nichts zu tratschen hat, und manch einer schafft sich offenbar nur aus diesem Grunde Kinder an.
Arme Kinder.
Sie spielen nur verrückt, die Erwachsenen sind es.
Aber es wurde uns allen ja in die Wiege gelegt. Hatten nicht schon Oma und Opa gejubelt, als ihnen der Oberarzt, Gott sei Dank, bescheinigt hatte, ihr Kind sei völlig normal? Und dann sofort den Wunsch, ein alle Koordinaten sprengendes Naturwunder, einen Lottogewinn auf zwei Beinen, in die schöne Welt gesetzt zu haben und – nein, nicht einfach zu erziehen, sondern großzuziehen, groooooß?! Und was ist daraus geworden? Wir!
Mit Kindern werden Maßstäbe verrückt und die Eltern vorneweg. Das ist ganz normal.
Und die Sache mit dem Toaster? Dumm gelaufen. Aber das wächst sich aus.

Im Zoo und so

Kinder sind praktisch, denn dann darf man in den Zoo. Vor allem an grauen, fieseligen Sonntagnachmittagen, wenn man, Beine hoch, gerne einen uralten Western mit John Wayne gucken würde, das aber nicht tut, weil man sonst immerzu Kinder aus dem Wohnzimmer schießen müßte, oder in Ruhe lesen würde, das aber nicht kann, weil die Kinder immerzu durchs Wohnzimmer schießen.
Das kostet nicht nur Überwindung. In Duisburg, wo die Elefanten und Giraffen wegen Renovierung geschlossen sind, kostet das außerdem 28 Mark: neun Mark pro Erwachsenem, 5 Mark pro Kind. Man kann aber auch die günstige Familienkarte kaufen. Die kostet auch 28 Mark, wäre allerdings ein Mordsgeschäft, hätte man zufällig drei bis acht Kinder mehr. Aber wie hat Omma immer gesagt?
»Wat nix kost, is auch nix!«
Zoo ist gut.
Im Zoo kann man Kinder, hat man sie erst mit Popcorn, Pommes, Mayo und Softeis bestochen, an die Wunderwelt der Schöpfung heranführen, zumindest bis zum Zaun. Außerdem kann man tierisch von Flamingotänzern blödeln, von Dotterottern, Gurgelhupfen und Immermehrkatzen, von Naß- und Trockenhörnern, Nasch-, Dash-, Cola- und Käptnblaubären, wobei der Kodiakbär bekanntlich zu den Schokoladeneisbären zählt und überhaupt das größte landlebende Raubtier darstellt, das jemals neben dem Agfabären am Fujijama geblitzt wurde; und wenn dann noch ein Pinselohrschwein so freundlich ist, unter den Augen eines Zebrastreifenpolizisten hinter einem anderen Pinselohrschwein herzujagen, kann man sogar noch das Wort »Schweinsgalopp« fürs Leben lehren.

Meine Kinder nehmen das alles kaugummikauend zur Kenntnis und wollen vorwiegend wissen, ob es noch Gummibärchen gibt und Kodakbären gegebenenfalls kleine Kinder essen. Wir sagen ihnen dann immer: »Nur wenn ihr noch ein bißchen höher klettert.«
Zoo ist pädagogisch wertvoll. Vor allem weil, seitdem wir gemeinsam tief ins Raubtierhaus hineingerochen haben, zumindest Löwen und Panther als Haustiere gegessen sind.
Und wir üben Zoo-Reime:
»Das Krokodil, das schwimmt im Nil. Das heißt nicht viel. Das tun alle Krokodil.«
Oder: *»Der Elefant geht durch das Land. Das ist bekannt. Das tun alle Elefant.«*
Oder: *»Der Marabu, der schaut nur zu. Wie ich und du. Das tun alle Marabu.«*
Klar ist das doof. Aber meine Kinder finden das klasse. Und am klassesten das mit dem Braunbären:
»Wenn der Braunbär nicht so braun wär, wär er werweißwer. Vielleicht ein Eisbär.«
Da verschlucken sie sich vor Lachen an der Cola. »Der Papa macht immer so'n Quatsch«, sagen sie himmelblau strahlend. Da ist der Papa zwar längst pleite, aber das glücklichste Tier im ganzen Zoo.

Der hat, die hat

Unseren Kindern geht es gut. Sie sind von bürgerlichen Friedenseltern, die das Wirtschaftswunder noch selbst miterlebt haben, in Friedenszeiten hineingeboren. Sie leiden nicht Mangel. Ob sie einmal Rente kriegen werden? Wir wissen es nicht. Noch haben sie Vollpension, gratis. Und wir lieben sie als das Beste, das uns jemals eingefallen ist, und weil sie sind, wie sie sind: liebenswert, pfiffig und meistens ausstehlich, wie wir.

Und natürlich lieben wir sie beide gleich, geben uns alle Menschenmühe, eine Feinwaage in der Hand und eine dicke Binde vor den Augen zu tragen, auf daß ohne Ansehen der Person, des Geschlechts, des Alters, der Religion oder der Marmeladeflecken auf der frischgewaschenen Bluse Gerechtigkeit walte. Das Bundesverfassungsgericht ist gegen uns ein Dreikönigstreffen für besserverdienende Zahnärzte, gesponsert von der kolumbianischen Bohrermafia.

Allerdings: Wäre Justitia Mutter meiner Kinder, wäre sie nicht nur blind, sondern auch taub und hätte sich längst in ihr eigenes blutiges Schwert gestürzt.

War denn alles falsch? Das Trost-Batmanchen für Jan, wenn Rosa zum Geburtstag die große blöde Vogelbarbie, die Bilderbücherberge und den Puppenwagen bekam? Das Bibi-Blocksberg-Pflaster für Rosa, wenn Jan mit Käpt'n-Blaubär-Armadas, Ritterburgen und Original-BVB-Fußball gefeiert wurde? Hätten wir frühzeitig »Pech gehabt« und »hinten anstellen« sagen sollen und in Ruhe das geschwisterliche Herz ausbluten lassen?

So erleben wir täglich von Frühstücksbrot bis Abendbrotdämmerung kainundabelmäßige Eifersuchtsorgien:

»Jan hat aber mehr Fanta im Glas!« brüllt die fast vor Limonade kollabierende Rosa mit einem spitzen Lineal in der Hand. »Rosas Kuchen ist aber größer!« heult wie ein 40pfündiger Feueralarm der enterbte, ungeliebte und vor Kuchenkrümeln beinahe unkenntliche Bruder. Dabei haben wir uns aus Angst vor all den Abers längst angewöhnt, Kuchen ausschließlich mit dem Winkelmesser zu schneiden. Aber gegen »der hat aber«, »die hat aber« haben wir keine Chance: »Gemein!!!« »Gemein!!!«
Und haben wir doch einmal unwiderlegbar recht getan und mit Angstschweiß auf der Stirn ein Filigranwerk der Gleichbehandlung vollbracht, dann spielen sie die letzte Karte aus: »Ich will aber zuerst!«
Wie vermeidet man dann einen gutbürgerlichen Schreikrampf? Wie das böseböse Wörtchen »scheißegal«? Wie schenkt man zweimal 0,118 Liter Fanta gleichzeitig aus? Wie verteilt man Käsekuchensegmente mit 23,4 Grad Winkelmaß und exakt 12,2 Zentimeter Schenkellänge absolut synchron auf zwei gleich weiße Teller? Wie bringt man Wirtschaftswunderkinderkindern brüderliches Teilen nahe?
Wir üben, wir üben.

Ein Platz für Kinder

Es gibt da eine nette Langstrumpf-Geschichte, in der Pippi mit ihren Freunden in der Küche herumturnt. Das Spiel geht über Tische und Bänke und besteht darin, eine Runde in der Kunterbunt-Küche zu drehen, ohne den Fußboden zu berühren – wirklich nettes Spiel, meine Kinder lieben diese Geschichte. Dabei hat Astrid Lindgren, man weiß nicht wie, die Idee von meinen Kindern geklaut.

Wir spielen nämlich jeden Tag das schöne Spiel »durchs Kinderzimmer gehen und dabei den Fußboden berühren«. Das ist noch viel schwieriger als das Küchenspiel bei Langstrumpfs:

1. weil in unseren Kinderzimmern bauklotz-, batman-, barbie-, ritter-, lego-, auto-, puzzle-, plastikstichsägen- und schneewittchenkostümfreie Quadratzentimeter in Kinderfußgröße praktisch nicht vorhanden sind,
2. weil meine Kinder ihre Zimmer schon seit Jahren nicht mehr betreten.

Dabei waren es schöne Zimmer, bevor meine Kinder darin einzogen: hell, still und aufgeräumt. Seitdem aber aus den Zimmern Kinderzimmer wurden, wissen wir: Kinderzimmer sind der größte Architektenblödsinn nach dem Turm zu Babel. Kinderzimmer sind sinnlos beheizte Endlager für sauteures und nach allen Maßgaben der modernen Spielerziehung gekauftes Spielzeug, mit dem kein Kind je spielt.

Meine Kinder spielen sowieso nicht. Sie werfen kurz neues Spielzeug in ihr Kinderzimmer, gucken nach, ob das Chaos noch in Ordnung ist, und dann hauen sie sich. Und wenn sie sich nicht hauen, dann schreien sie und hüpfen und sudeln und zerbrechen was Wertvolles und hauen sich dann, und das tun sie nie im Kinderzimmer, sondern ausnahmslos da, wo wir Menschen leben und unsere Ruhe haben wollen.

Oder telefonieren.

Oder kochen.

Oder lesen.

Oder leise über Kindererziehung reden.

Das allerdings ist für meine Frau und mich nur an einem einzigen Ort der Erde möglich: im Kinderzimmer. Aber auch nur kurz und heimlich, weil wir nicht wollen, daß unser Wohn- bald genauso aussieht wie unsere Kinderzimmer (furchtbar). Außer als Asyle für Eltern und Spielzeugdeponien sind Kinderzimmer völlig überflüssig, und vielleicht liegt es ja an tieferer Einsicht, daß in Deutschland Wohnungen für Familien mit Kindern selten größer als 60 Quadratmeter gebaut werden.

Wir selbst haben unseren Kindern bereits damit gedroht, ihre Zimmer an ein paar arme Kinder aus Mazedonien oder dem Kosovo zu vermieten (»Können wir ger-ne tun! Was glaubt ihr wohl, wie froh die wären, wenn sie so dolle Kinderzimmer hätten!«).

»Geile Idee, Papa«, haben sie da gesagt, »die können ja dann al-le runterkommen und mit uns im Wohnzimmer spielen!«

Kopf oder Leber?

Mein Sohn wird entweder Pathologe oder Philosoph, was ja, wie böse Zungen behaupten, eh auf dasselbe rauskommt. Er legt in zu schönsten Sorgen berechtigender Weise Fähigkeiten an den Tag, auf die es in der heutigen Zeit besonders ankommt: analytisches Denken nämlich und die Fähigkeit, zwischen Wesentlichem und Unwesentlichem zu unterscheiden. Konkret macht er sich nicht nur seine Gedanken darüber, was am menschlichen Körper nun unbedingt sein muß und was nicht, sondern auch, was nun das wichtigste von allen Körperteilen ist.

Daß er das tut? Erstaunlich. Warum er das tut? Keine Ahnung.

Offenbar haben sie im Kindergarten Heimaterde, Gruppe Delphinchen, zwischen Morgenkakao und Mittagsprügelei ein anatomisches Symposion abgehalten. »Weißt du, was das Wichtigste ist, Papa?«

Tja.

»Das Herz!«

So?

»Weil mit ohne Herz wird das Blut kalt.«

Ah so.

»Und weißt du auch, was das Allerwichtigste ist?«

Äh, Blut?

»Nein, die Augen.«

Wieso?

»Weil man doch sonst nichts sehen kann, du Dummi.«

Einen Tag später kam er mit seinem Bein. Das ist nämlich das Allerallerwichtigste. Weil – eben. Und dann mit seinem Mund, »weil man doch sonst nichts essen kann, und wenn man nichts essen kann, muß man steaben«!

Gestern hat er mich Laien in die Expertendebatte der Delphingruppe einbezogen: Was denn ich persönlich für den wichtigsten Körperteil halte?
»Den Kopf!« habe ich ihm kategorisch erklärt, denn ohne Kopf sei man kreuzblöd und wisse weder, wo man mit den Augen hingucken noch mit den Beinen hinlaufen solle und warum überhaupt. Und wenn man keinen Kopf habe, habe man auch keinen Mund. Ha!
Er konterte aber sofort: »Nein, die Leber. Ohne Leber kann man überhaupt nicht leben. Auch nicht der Kopf.«
Trotz einer gewissen Bewunderung für seine Spitzfindigkeit war ich doch verblüfft. Mein Vierjähriger raucht nicht und trinkt nicht, und so müßte es für ihn eigentlich näherliegende Organe geben als ausgerechnet die Leber.
Gestern hab ich heimlich mein Hausbuch der Gesundheit rausgekramt. Da sind alle Körperteile drin, für alle Fälle. Dann habe ich ihm verraten, was das allerallerallerwichtigste ist: der Zeigefinger! Damit kann man nämlich das Telefon bedienen, wenn es mit irgendeinem anderen Körperteil Probleme geben sollte.
Mein Sohn hat mich und seinen Zeigefinger ziemlich schief angeguckt. Aber er denkt drüber nach.

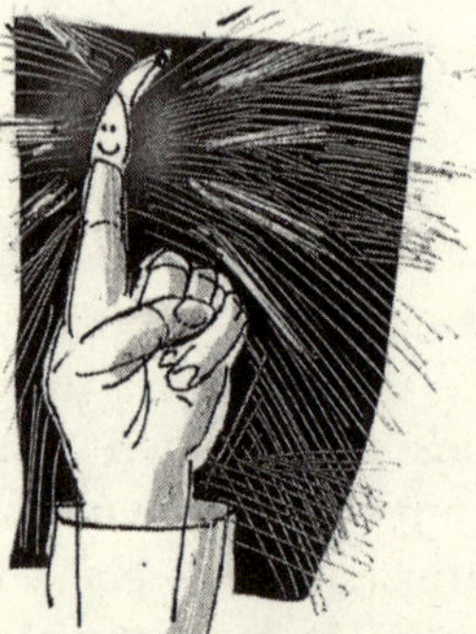

Tuch der Träume

Wissen Sie, was ein Schnuffeltuch ist?
Sie müssen nicht wissen, was ein Schnuffeltuch ist, denn zum einen ist es eine Privatangelegenheit. Zum anderen: Bevor mein Sohn plötzlich da war, wußte ich auch nicht, was ein Schnuffeltuch ist. Heute weiß ich, ein Schnuffeltuch ist absolut lebensnotwendig, das heißt: ungefähr so wichtig wie Luft und Wasser, fast so wie Gummibärchen.
Ohne Schnuffeltuch kann ich nicht schlafen, weil mein Sohn nicht ohne einschlafen kann.
Ein Schnuffeltuch, also, ein Schnuffeltuch ist etwa zehn Zentimeter breit und 18 Zentimeter lang, ein läppischer, unappetitlicher schwarzer Wildlederlappen, der sich an den Rändern melancholisch aufkräuselt und ziemlich speckig ist von Rotz und Wasser und von schlechten Träumen. Die schlechten Träume gehen nämlich alle nachts in das Schnuffeltuch und nicht in den Jan.
Das Schnuffeltuch ist also eine Art von Alptraumableiter, sehr praktisch.
Nun könnte wer sagen: He, das sieht ja genau aus wie ein oller Flickenrest für die dreimal verflixte und zugenähte batmanschwarze Lieblingsjeans von Jan Bartel, mit der Jan Bartel immer Stacheldrähte, Brombeerdornenhecken und alle scharfen Kanten in Mülheim-Heimaterde testet!
Aber wer so sagte, hätte gar nichts verstanden.
Bevor es das Schnuffeltuch gab, gab es den Schnuller, und vor dem Schnuller gab es das Fenchelteefläschchen und vor dem Fenchelteefläschchen Mamas Brust, und vor Mamas Brust endlich gab es ein weiches wohliges Dunkel, in dem es keine großen Schwestern gab und kein Fernseh-

limit, kein Zähneputzen, kein Warteinesekunde und kein Schlußfürheute, nur ein großes friedliches batmanmäßiges Dunkel mit Vollpension, in dem man sich rundum wohl, warm und geborgen fühlte, ungefähr so dunkel wie das Schnuffeltuch.
Und wenn man am Schnuffeltuch schnuffelt, schnuffelt man sich ganz sanft in dieses müde Dunkel hinein zurück, macht mild die schweren Augen zu – und wacht rubbeldikatz topfit, gutgelaunt und viel zu früh wieder auf. Ohne ist die Welt voll von Monsters mit Augen und Zähnen und Zahnbürsten. Ohne ist wie Frühstück ohne Zeitung; ohne wird man zappelig und ungehalten, ohne fehlt was. Und dann kramt man, statt zu schlafen, hektisch in seinem Bett wie der Tabakjunkie nach der Zigarette, wühlt und wuselt, greint und meckert, macht zunächst die müde Schwester kirre und dann die Eltern, die sogleich eine Rasterfahndung nach dem Schnuffeltuch einleiten, Betten beuteln, Kissen kratzen, Ritzen rupfen, und ist selbst ein Monster und Alptraum.
Bitte, haben Sie vielleicht zufällig irgendwo ein Schnuffeltuch gesehen?!

Blos wek da!

»Wek da! Finga wek!«

Was uns an diesen vier Wörtern unserer gerade das Schreiben erlernenden Tochter so gründlich irritiert ist nicht, daß sie grimmig entschlossen scheint, die blasse Rechtschreibreform durch eine blutige Rechtschreibrevolution zu ersetzen; es ist nur so, daß sich diese furchtbaren Vokabeln, niedergeschrieben von einer Grundschulrektorsenkelin, wie ein Fluch anhören. Und daß sie nicht allein dastehen. Denn unsere Tochter schreibt jetzt viel, und was sie schreibt, klebt meist an Türen, geht nie mehr ab und liest sich so:

»Aintrit fobotn in disem Braich. Keine Ältan! Nur Mats und Rosa und Jan und Benwen er 3 ist!!«

Benwen? – Ben, wenn. Der ist noch zwei und könnte »was kaputtmachen«.

Was könnte er kaputtmachen? Rosas Zimmer ist ein Museum für Kaputtgemachtes, Jans Zimmer ein kaputtgemachtes Museum für Kaputtgemachtes.

Sei's drum: Seitdem meine Tochter der Schrift halbmächtig ist, wird fobotn, schriftlich. Auf DIN-A 4 mit dicken roten Balken und mächtig vielen Ausrufezeichen!!!!!!! Gut, mit ein paar rosa Herzchen drumherum, und, käme sie noch mal an das Parfüm meiner Gattin heran, wohl auch mit einem Hauch von Kenzo – aber doch gnadenlos.

Die gesamte erste Etage unseres Häuschens ist praktisch Sperrgebiet, und in unseren Garten können wir nur noch mit Sondergenehmigung. Nach der müssen wir aber »erst fragen«. Zwar kriegen wir – noch – den Passierschein (mit Balken und Herzchen), aber ganz ohne Repressalien geht nichts mehr. Überall stehen mit Stöcken gespickte Pappschilder, und zum Schutz vorm Regen sind sie noch in

blaue Gefrierbeutel gepackt. Und daneben stehen überall unsere Kinder, fuchteln und fragen: Kannst du nicht lesen?!
Helmstedt war ein Dreck dagegen.
Darf das wahr sein?
Wir haben achtmal »Easy Rider« gesehen! Wir haben auf »... der Oberstadtdirektor« Fußball gespielt, und »Eltern haften für ihre Kinder« hatte für uns Aufforderungscharakter. Wir haben einem antiautoritären Lehrer die Tränen getrocknet. Wir haben (verjährt, verjährt!) sehr illegale Stacheldrahträumkommandos gebildet und einige Dutzend Essener Schrebergärten befreit. Wir haben Hermann Hesse gelesen und den Freiheitskampf von mindestens fünf geknechteten Völkern dieser Erde gedanklich, durch Friseurboykotts und grüne Parkas unterstützt – und dann kommt die Frucht unserer Liberalität und verteilt Knöllchen!
Wir müssen leider draußen bleiben? Eltern sind anzuleinen? »Wek da!«?
Zweierlei scheint festzustehen: Der Generationenkonflikt ist unvermeidlich. Aber diesmal fangen eindeutig die Kinder an.

Das Kind trotzt

Er läuft dunkelrot an, stemmt seine Arme in die Seiten, Ellbogen nach vorn, beugt den Nacken wie ein Kampfstier vorm Torrero-Spießen, schiebt die Unterlippe vor und die Augen unter die Brauen. Er stampft auch gerne mit dem Fuß auf. Oder wirft sich auf den Boden und trommelt dann mit allen vieren um sich, wobei er gelegentlich seinen Kopf sehr heftig schüttelt. Oder tritt vor Türen. Und natürlich brüllt er und kreischt und heult, mal mit, mal ohne Zähren. Und stößt zunächst Laute aus, die wir nicht verstehen, um dann Laute auszustoßen, die wir so genau verstehen, daß wir drohend sagen: »Wie war das bitte?!«

Und dann sagt er's noch mal, und dann sieht er mit Interesse, wie seine Eltern die Brauen runzeln und das Kinn heben und die Nasen spitzen, wie Augen und Lippen schmaler werden, und er hört, daß ihre Stimmen leise zittern wie Reaktor 2 in Tschernobyl am 26. 4. 1986, 1.23 Uhr, 39 Sekunden: »Wie war das bitte?!!«

Er trotzt. Er trotzt trotzdem, denn er ist in einer Trotzphase.

Er hat schon früher nur selten mal gehorcht, aber jetzt führt er immer wieder eine kerngesunde Kernfamilie an den Rand der Spaltung: ein 22-Kilo-Granitblock von einszwanzig Scheitelhöhe, ein Revoltierer mit Milchzähnen, ein Anarchist mit Marmeladenschnute, vier Sommer purer Widerstand.

Warum trotzt er?

Weil er (unterm grüngelb-karierten Hemd!) ein blaues und kein weißes T-Shirt tragen möchte.

Weil man irrtümlich durch einen Tropfen Milch seine Cornflakes zu Abfall gemacht hat, wo man doch weiß, daß

er Cornflakes ausschließlich als Trennkost zu sich nimmt – staubtrocken mit einem Glas Milch in der Hand.
Weil er einmal beim Mau-Mau verloren hat.
Weil seine Zahnbürste in Rosas Zahnputzglas gestanden hat.
Weil er nicht lesen kann.
Weil er nicht in den Kindergarten will.
Weil er nicht aus dem Kindergarten will.
Weil er nicht weiß, was er will, aber weiß, was wir wollen, und das, wissen wir, will er nicht.
Laut Erziehungsberatungsbuch, das an einigen Stellen schon ziemlich tränenfeucht ist, muß er das haben. Aber *wir* müssen das nicht haben.
»Jan hat eine Trotzphase«, sagt meine uralte Tochter, die eine Nasenbohr-, eine Birnenkraut-, eine Barbie-, Schlafnicht-, Eßnicht-, eine Traumichnicht-, doch nie eine Trotzphase hatte: »Das gibt sich.«
»Ja, ja«, sagen die Omas, »das gibt sich«, und gucken unsereins dabei an, als steckte man selber noch drin; »ja, ja«, sagen alle die kindgestählten Eltern-Veteranen im Büro, beim Bäcker, im Volleyballverein im Chor, »ja, ja, Trotzphase, das gibt sich.«
Aber keiner sagt wann.

O Stern, o Stern!

Es war einem großen deutschen Dichter gegeben, die beiden größten christlichen Feste in einen einzigen Satz zu packen: »O Stern, wie schön scheinest du weih Nacht.« Das mag sich wie ein ganz ein kalter Kalauer anhören, aber es steckt so viel Weisheit drinnen.
Für meine Kinder zum Beispiel ist Ostern und Weihnachten dasselbe – fast. Äußerlich unterscheiden sie natürlich Weihnachtsbaum und bunte Eier, aber tief in ihren gieriggoldenen Kinderherzen denken sie: Hauptsache, es gibt was geschenkt. Weihnachten muß das höhere Fest sein, weil es da mehr Geschenke gibt. Noch. Da wächst nämlich zusammen, was nicht zusammengehört.
Ich weiß nicht, wie's kam und durch wen (nicht durch mich!), aber irgendwann lagen neben poppigen Eiern Malstifte und Jim-Knopf-Kassetten in den Nestern. Und dann großelterliche Mützen, Hosen und Anoraks, mit dem fadenscheinigen Argument, das seien »doch keine Geschenke. Das brauchen sie doch«. Was nicht nur durch den Gedanken verblüfft, daß Geschenke nur dann Geschenke sind, wenn sie zu nichts taugen, sondern auch Mode machte. Später gesellten sich ein Bobbycar, ein Dreirad und ein weiteres Totschlag-Argument dazu (»weil man im Winter kein Dreirad schenken kann, steht doch nur im Keller rum«).
Und jetzt wissen wir weder, wie wir die kindlichen Riesenansprüche wieder kleinkriegen sollen, noch, ob der Kindergottesdienst in der Heimaterde ausreicht, die unselige Nivellierung von Geburt und Auferstehung, Weihnachtsmann und Osterhase zu verhindern.
Zumal sie dummerweise schon im Kindergarten gelernt

haben, daß Schokoladenhasen nur verkleidete Schoko-Nikoläuse sind.
Ich weiß, da sind wir Eltern gefragt. Und glauben Sie nicht, wir hätten nicht versucht, unseren Kindern das Wunder von Christi Auferstehung nahezubringen. »Toll. Kann Donald Duck auch«, hat Jan gesagt.
Wir haben Jan zu Ostern einen Plastik-Donald schenken wollen. Wir tauschen ihn um.

Wir und das Tier

Nein, sie kriegt kein Pferd. Ja, Larissa hat eins, aber Rosa kriegt kein Pferd.
Nein, sie kriegt keinen Hund. Und wenn er tausendmal nicht bellte, sich selbst Gassi führen, ernähren und eigenpfötig die Klospülung betätigen könnte. Und Katzen gibt's auch nicht. Und keine Hamster, Hasen, Meerschweine und kein Piepsevögelchen, überhaupt nichts mit vier oder zwei Beinen. Und die Spinne da vorne bringt Papa mit dem Schlappen um. Da!
So!
Was brauchen wir Tiere? Wir haben Kinder.
Meine Kinder sehen das nicht ein. Sie bitten und betteln, und jedesmal füllen sich zauberblaue Kinderaugen zunächst mit Hoffnung, dann mit Tränen. Und jedesmal krampft das elterliche Herz. Konsequenz ist etwas Unmenschliches.
Freunde von uns haben echt Glück. Ihr Sohn hat eine Tierhaarallergie. Wenn er in Berührung mit was Niedlichem kommt, kriegt er keine Luft mehr. Unsere ersticken an ihren Schluchzern. Aber sie haben fiese Tricks auf Lager. Im Sommer – das war kurz nachdem wir die Asselsammlung meines Sohnes rausgeschmissen hatten – brachte meine Tochter mit allen Symptomen der Verliebtheit einen Mülheimer Regenwurm ins Haus: mit Originalgartenerde im Marmeladenglas. Das erledigte sich Gott sei Dank, weil man nach Regenwürmern in Marmeladengläsern immer erst pulen muß, bevor man sie streicheln kann. Und weil die Regenwürmer dabei der Schlag trifft.
Dann schleppte sie scheinheilig eine »süße« Kaulquappe an, Nutellaglas, Stengel Petersilie, zwei Muscheln aus Ita-

BARTEL

lien: ein Aquarium für ganz, ganz Arme auf der Fensterbank. Und dann schwänzelte das blöde Vieh, das uns zum Gespött aller Passanten machte, wochenlang neben Telefon und Alpenveilchen, bis es Hand und Fuß kriegte und in Nachbars Teich versenkt wurde. Wir sind keine Tierquäler.

Wir sind Kinderquäler.

Wir wissen, daß sie seit Wochen die kalte Wintererde nach einem darbenden Vögelein absuchen, für das sie dann Asyl beanspruchen könnten. Wir sehen zwar die Zaunpfähle: die täglich mindestens drei Buntstiftbilder mit lachenden rosa Pferdchen, lachenden Kätzchen und Hündchen, die sie uns zum Geschenk macht. Und ihr wehes Seufzen auch. Eisenherzig aber ignorieren wir den erzieherischen Wert des gemeinen Zwergrammlers und den emotionalen Stabilisierungsfaktor Pudel. Wir haben nämlich nicht 5000 Windeln gewechselt, um jetzt Katzeklos zu schrubben. Wir haben nicht jahrelang gegen unsere völlige Versklavung angekämpft, um jetzt, beim ersten Freiheitsschimmer, wegen des Vitaminhaushalts einsamer Wüstenspringmäuse wieder auf Spontan-Wochenenden zu verzichten. Wir lassen uns nicht auch noch von Tieren zum Affen machen.

Meine Kinder brauchen keine Tiere. Sie haben uns.

Es Wa Ain Mal

»Es Wa Ain Mal Ain Henst Der His Natan. Er Wa Braun. Also Rit Der Duch Die Wisen Er Wa Ain Wildes Pfert Wen Der Henst Krank Wa Hat Er sich Mit Krojtan Gholfen.
Aba jets Get die Geschichte los.
Erstes Kapittel
Es lepte Ainmal Auf Aina Wise Ain Henst. Er Lepte Auf Der Wise. Er füllte Sichwol Auf Der Wise Herschte Rue
Aba da Pasirtes
Aufainma kam ainmal kam Aine Herd Merschweinchen Dan Herschte Unrue …«

Meine Tochter dichtet. Wir sind sehr stolz. Außerdem hat uns Rosas Klassenlehrerin inzwischen beruhigt: Für Legasthenie sei sie noch viel zu klein, und im Gegenteil: Dichten sei ein gutes Zeichen. Überhaupt seien heute die Kinder viel früher dran mit dem Schreiben als früher, sie schrieben allerdings nach Gehör, und das »Schreiben wie die Erwachsenen« lernten sie parallel in der Schule. Bestimmt.

Zudem hat sie uns schönste Hoffnungen gemacht, daß unsere wild um sich dichtende Tochter irgendwann damit anfangen wird, ihre Geschichten vorne links zu beginnen und nach rechts hinten weiterlaufen zu lassen wie alle Nichtaraber. Noch beginnt sie nämlich mit der letzten freien Seite ihres Dichterbuchs und schreibt sich linkswärts nach vorn. Weil, wär doch egal.

Tolle Geschichten mit vielen »Aian«, »Wisen« und »Hensten« in radikaler Großschreibung sind das, die mindestens dreimal beginnen, was man daran merkt, daß sie immer schreibt: »Aba da Pasirtes.« Und in denen immer irgendwas passiert, was ganz erstaunlich pointenlos ist. Und die postmodern enden: zack, irgendwie, einfach so oder aber spätestens, wenn ein großartig hingeschnörkeltes »Ende« auf der vorigen Seite steht. Und meistens tanzen am Ende ein Henst und eine Schdude Tango. Oder das Pfert pupst, und das Papier wellt sich vor Lachtränen.

Unsere Lieblingsgeschichte ist bis heute, 19 Uhr, die »Geschichte Fon Einen Klainem Tiga und dem Klainen Bär Janosch«. Die geht so.

»Ain Mal sackte Der Klaine Bär zum Klainem Tiga Du bist So Dreckich.

Nö sackte der Klaine Tiga.«

Aus.

Und unten auf der Seite sieht man einen ungestreiften Osterhasen mit einem längsgestreiften Osterhasen in einem Haus stehen und »Nö« sagen.

Wir finden diese Original-Heimaterde-Dichtung umwerfend minimalistisch, und selbst nach zwei Wochen genießen wir es noch, sie abends mehrmals vorgelesen zu bekommen. Und sollten Sie, liebe Leser, einwenden, daß wir in diesem Punkt ausnahmsweise einmal doch allzu sehr durch die rosarote Elternbrille hören, sagen wir Ainfach Nö.

Was ist das?

Jetzt wissen wir endlich, was das Allerallerallerwichtigste ist: die Knochen! »Denn sonst wären wir eine Qualle.« Ja, wir lernen jeden Tag dazu. Zum Beispiel, daß es nuuuur auf den Galapagosinseln einen Vogel gibt, der ist ein Specht, aber kein richtiger Specht, der hat keinen Schnabel, nicht so'n richtigen Schnabel, der ist nicht so spitz wie beim richtigen Specht; ist aber trotzdem ein Specht, der nimmt immer nicht seinen Schnabel, sondern einen spitzen Stachel, der kommt von einem Kaktus, den es nuuuur auf den Kalopperkußinseln gibt und bohrt damit Löcher von einem Baum, den es nuuuur auf den Klappernußinseln gibt, und damit spießt er so Würmer auf, die gibt es überall. Der Specht, also der Specht, der ißt irgendwie also mit Stäbchen. Der Specht ist ein Chinese.

Ich habe mir das so schön vorgestellt: Kind links, Kind rechts, durchschreite ich in fortwährendem Sonnenschein Gottes schöne Natur, weise hierhin, weise dorthin und erkläre meinem eigen Fleisch und Blut die Welt: Tiere, Kräuter, Sensationen. Raune und mahne, kläre auf und warne, zeige Zusammenhänge auf, zeichne Gebrauchsanweisungen, etwa für Löwenzahn, in den Sand. Und meine Kinder staunen zu mir empor, denn Papa ist ein Naturbursche und überhaupt der Allergrößte.

Und dann gucken sie zehn Minuten Expeditionen ins Tierreich, und unsereins ist praktisch erledigt. Sie wissen schon alles, und was sie nicht wissen, weiß ich schon gar nicht.

Tiere: Bisher war die Fauna in genau zwei Oberbereiche unterteilt: eßbar und nicht eßbar – und in zwei Unterbereiche: eß ich und ißt mich. Wobei (nur zur Erklärung) Spinat

in die Abteilung eßbar, aber eß ich nicht, hingegen Tiger in die Abteilung nicht eßbar, aber ißt mich fallen.
Bäume: Finden bei mir nur im Sommer statt, nur Birken gibt es auch im Winter, weil sie von außen erkennbar bleiben. Meine Kinder wollen aber auch im Winter wissen, welcher Baum das ist, und das ist viel schwieriger als ein Tiger, von dem ich zwar auch nicht viel weiß, der aber pädagogisch weit weniger gefährlich ist als zum Beispiel eine Kastanie, die ziemlich häufig vorkommt, aber keine Streifen hat.
Kapiert?
Papa ist der Allergrößte, aber leider, was die Naturbildung betrifft, ein bißchen blöd. Immerhin ist er schlau genug, um sich in Erklärungsdunst zu flüchten. Also erklärt er die Welt in Grund und Boden, erfindet untrügliche Baummerkmale, Rindenprofile, Wurzelbeweise, Mendelsche Mirakel, denkt sich zu Tierspuren die wildesten Tiere aus und noch wildere Tierschicksale, in der Hoffnung, seine Kinder mögen um Himmels Willen alles wieder vergessen, bevor sie jemand fragt.
Außer natürlich, daß Papa alles weiß.

Idealer Abstand

Ja, meine Kinder sind ein Lottogewinn: Beide gesund, irre klug und schön, ein Mädchen, ein Junge und – was das Wichtigste ist – im idealen Altersabstand von zwei Jahren. Wobei wir zusätzlich die Super Sieben gezogen haben, indem das Mädchen die ältere ist. Sie betüdelt ihr Brüderchen wie einen Riesen-Ken, kämmt, hätschelt und tätschelt ihn, putzt ihm die Rotznase, ist milde und verständig und gibt nach aus der Weisheit ihres goldenen Schwesterherzens, das schon zwei Sommer länger schlägt. Nebenbei, wenn der kleine Bruder still und weltvergessen mit seinen Autos spielt, geht sie Mutter in der Küche zur Hand und bringt Papa die Pantoffeln. Das ist halt so.
Nur nicht bei uns.
Der »ideale Altersabstand« von zwei Jahren ist ein dummes Gerücht und nicht erst, seitdem die beiden in der gleichen Gewichtsklasse boxen (bis 23 Kilo). Pech gegen Schwefel: Wenn es jemals typische Einzelkinder gegeben hat, dann meine im idealen Altersabstand. Dauerkonkurrenz, Eifersucht, blanker Neid, Boxen. Ein jüngeres Geschwister, wenn's auch sonst nichts kann, kann immer noch eines: stören. Dann wird geboxt. Und ein älteres kann immer schon etwas mehr, und das ist ein Skandal. Boxen.
Einigkeit herrscht allenfalls beim Thema Fernsehen. Bis sie sich um den Sofaplatz hauen. Außerdem ist immer einer, wenn der andere wen zu Gast hat, dritter im Bunde, Außenseiter, Paria – und heult. Und wenn er heult, genießen die anderen ihr Wohlsein noch ein bißchen schamloser. Gewiß darf man Helmut Kohl für die Zweidrittelgesellschaft verantwortlich machen – seine Erfindung ist sie nicht.

Wenn Rosa zwei Freunde zu Gast hat, geht das eine Weile gut. Dann prügeln sich die beiden älteren Jungs mit Jan bis Rosa heult oder sie keine Lust mehr haben, in Jans Schwinger zu rennen, ohne sich standesgemäß wehren zu dürfen. Dann bauen die großen Jungs mit Rosa erstaunliche Hütten und Paläste, und auch Jan ist mit von der Partie. Der rennt nämlich dann ums Artefakt mit dicken Knüppeln und ruft »Ich wär jetzt der große Ritter und hau euch alle um, pcch! pcch!« Und dann tippen sich die drei Großen schief an die Stirnen und sagen »jaaja, Jan, du bist der große Ritter« und bauen weiter. Bis ein großritterlicher Knüppelhieb versehentlich (sagen wir mal versehentlich) die Burg ruiniert und der Ritter zwei geknallt kriegt und heult; und dann kommt Rosa und nimmt ihn tröstend in den Arm, sagt »blutet ja gar nicht«, macht den Jungs eine Mordsszene und schickt sie blitzend und donnernd nach Hause.

Wir haben einen solchen jähen Anfall von Geschwisterliebe zufällig beobachtet und unsere Tochter mit einiger Rührung gelobt. Doch ein idealer Abstand!

Aber dann sprach Rosa Prosa: Wenn hier einer Jan verkloppt, dann sie.

Der Ball ist bunt

Ich meine: Nichts gegen meine Tochter. Rosa war (nach meiner Vier im Matheabitur) die erste große Sensation meines Lebens. Und wäre sie auch weniger bezaubernd, weniger hübsch und klug, ja, auch weniger gesund, sie bliebe doch ein Wunder, weil mein Kind.
Also: Nichts gegen Rosa – aber Fußball?
Sie hüpft ganz gerne, bewegt sich nicht ohne Anmut zu Musik und schlägt sich auch ganz achtbar in den Sonntagmorgenkissenschlachten, aber Fußball? Ist bei ihr kein Fuß-Ball. Oder erst dann, wenn sie dreimal den Ball betatscht, hihi, aufgehoben, hoppla, plumpsenlassen, wieder betatscht und endlich in eine nach allen Regeln der Ballistik unahnbare Richtung geschubst hat. Sie ist, streng fußballerisch gesehen, ein Supergau, und es ficht sie nicht mal an.
Mein Sohn ist da anders. Er hat, was das Ball-Hüpfen angeht, nie an die Frosch-Theorie geglaubt, hat Stutzen, Schienbeinschoner, zwei Narben mit Asche drin und eine gewaltige rechte Klebe. Er spielt bei den fabelhaften Bambini vom »Tee Ess Vau Heimaterde!«, der Schrecken aller stürmenden Vierjährigen, die jüngste Blutgrätsche von Mülheim, und er berechtigt nicht nur nach Bosmans Urteil zu den schönsten Hoffnungen.
Schade, daß er immer verliert.
7:0, 8:0, letztens sogar 12:0. Er glaubt zwar immer noch, er habe nur 9:0 verloren, aber das liegt daran, daß er nur bis zehn zählen kann. Der TSV ist gegen die aus Osterfeld nicht ein einziges Mal über die Mittellinie gekommen, aber die Oberhausener sind ja auch einen halben Kopf größer und rennen nur zu Zweidritteln alle Mann hoch dahin, wo

der Ball ist. Und der, den sie respektvoll »Träner« nennen (Warum? Darum) hat in seinen taktischen Anweisungen wohl zu erwähnen vergessen, daß man zumindest beim Anstoß nach vorne schießen darf.
Immerhin, mein Sohn hat gegrätscht wie ein Blöder, sogar wenn die Pille noch 20 Meter weit weg war, und er hat seine Kumpels, wenn sie weinten, nasebohrten, Huhu-Papa riefen oder die Seitenlinie entlanghinkelten, ordentlich angefeuert (hoihoihoi!), und er hat als Manndecker, Vorstopper, Ausputzer und einer von zehn hochmotivierten Liberos eine ganz ansprechende Leistung gezeigt.
Nur muß er noch lernen, daß es durchaus statthaft ist, einem Mitspieler den Ball zuzuspielen, ohne sein Gesicht zu verlieren. Und daß der sogenannte Gegner dazu da ist, ihn zu ärgern, so daß es keinen Zweck hat, auf sein Recht auf Ball zu pochen.
Immerhin wußte er schon, daß es den Elfer wegen Handspiels gab. Und seit Samstag weiß er auch, daß man dem Elfmeterschützen (zumindest bei Ausübung des Elfmeters) nicht von hinten in die Beine grätschen darf. Und daß man nach einer »9 : 0«-Klatsche nicht strahlend vom Platz hoppelt und sagt: »Geil, Papa, ne?!«

Kissen ist Macht

Ja, wenn ihr uns morgen nicht vor 8 Uhr weckt, gibt's Kissenschlacht. Sonst ist Papa zu müde. Und zu wütend, weil er sonntags nämlich gar nicht gerne um halb sieben aufsteht. Könnt ihr das verstehen? Nein? Auch egal. Aber so sind die Fakten.

Kissenschlacht, müssen Sie wissen, ist bei uns nicht nur irgend ein Sonntagmorgenritual. Kissenschlacht ist eine Unterrichtsstunde fürs Leben. Kissenschlacht dient zum einen der Körperertüchtigung, fordert und fördert Muskelaufbau und Reflexe, lehrt zum anderen praktische Techniken, die der junge Mensch später braucht: anschleichen, antäuschen, abducken, zuhauen, zusammenraufen.

Zusammen raufen tun sie immer. Aber zusammenraufen ist bei meinen dauerverfeindeten Einzelkindern extrem wichtig, denn ausschließlich beim Papaverkloppen bilden sie eine zweimusketiermäßige Einheit, jene geschwisterliche Phalanx, von der wir nicht müde werden zu träumen: Steckt das eine im Schwitzkasten, beginnt das andere Papa zu kitzeln. Und umgekehrt. Toll.

Kissenschlacht geht so: Papa betritt völlig ahnungslos das Schlafzimmer. Das Schlafzimmer, ebenfalls völlig ahnungslos, ist menschenleer. Papa seufzt und will sich ge-ra-de wieder hinlegen, da schießt doch unvermutet hinterm ahnungslosen Bett ein Kind hervor und schwingt brüllend ein mörderisches Kissen, mit dem Papa nun wirklich nicht gerechnet hat. Und während sich der verblüffte Vater noch vor dem Angreifer in Sicherheit bringen will, taucht in seinem Rücken ein zweiter auf, noch viel unvorhergesehbarer als der erste.

Dann macht Papa auf vielfachen Wunsch seine berüchtigte

Todesschwinge, wird aber, dämlich wie er nun mal ist, nach dem dritten Rundumschwung vom Kissenschwung jäh aus der Umlaufbahn geschleudert und wird Opfer zweier abgezockter, kühner Kissenkönige. Huaaaa!
Ja, und dann fällt das Wandelröschen um, und dann geht die Leselampe kaputt, und die Kissenschlacht ist ein für alle Mal beendet.
Bis Sonntag, 8 Uhr.

Mein Sohn, der Ninja

Sollten Sie zufällig einmal nach Mülheim-Heimaterde kommen, ins traute Baumgrün hinterm Rhein-Ruhr-Zentrum, zu den weinumrankten Reihenhexenhäuschen der friedlichen alten Krupp-Siedlung, wo ein Bächlein plätschert, als wolle es sich für die Renaturierung bedanken, dann erschrecken Sie bitte nicht, wenn plötzlich ein paar Ninja-Krieger, Stockmaß ein Meter, aus dem Haselbusch brechen, Stöcke schwenken und grimmig fordern: »Geld raus!«

Das hat schon seine Ordnung, das sind nur Sven und Lars und mein Sohn.

Sie beißen nicht, sie können kein Karate, und wenn Sie tun, was unser Nachbar tat, dann lösen sich die finsteren Krieger in Luft auf. »Ich trete euch gleich in den Hintern«, hat der gesagt, und die Ninja sind geflohen, einer hat sogar geweint.

Ja, mein Sohn ist den Ninja beigetreten, jener alten japanischen Krieger-Clique, die immer »Ho!« sagt, Mützen trägt und in Einzelfällen bis zu den Knöcheln Papas Bob-Dylan-T-Shirt: dazu einen Cowboygürtel, in dem hinten schräg ein alter Besenstiel steckt, messerscharf. Die Ninja von der Heimaterde treffen sich neuerdings nach dem Kindergarten, um Leute auszurauben. Leuteausrauben geht so:

Alle drei springen auf ein irre geheimes Zeichen hinterm Haselbusch hervor, landen breitbeinig auf dem Asphalt, deuten mit einer ausgestreckten Handkantenhand auf die Wolken und mit der anderen auf die Hand, die auf die Wolken deutet, und dann sagen sie »Ho!« Und dann wechseln sie das Standbein und die Hand, die auf die Wolken deutet, und sagen noch mal »Ho!«, nur ein bißchen lauter.

Und dann tuscheln sie ein bißchen, und man hört meistens: »Jetzt bist du dran.« – »Nein, du.« – »Okee.« – »Was soll ich denn sagen?« – »Geld raus, wir sind Ninja.« – »Und wenn die uns nix geben?« – »Dann ziehen wir unsere Schwerter.« – »Okee, geil, Schwerter! ... Und was soll ich noch mal sagen ...?«
Ja, und dann rufen Sie bitte nicht die Polizei, sondern sagen das mit Hinterntreten oder geben ihnen meinetwegen zehn Pfennige. Aber nur, wenn die Ihnen vorher verraten haben, was denn bitte ein Ninja ist. Wenn die Vermummten dabei ins Stottern kommen, nasebohren oder Ihnen was von Leonardo oder Bruder Tuck erzählen, dann behalten Sie Ihr Geld. Dann sind die Ninja nämlich Turtles oder Robin Hood, und es handelt sich nur um eine Verwechslung.
Sollten die Ninja aber frech werden, dann sagen Sie bitte dem mit dem Bob-Dylan-T-Shirt, er solle sofort nach Hause kommen, es gebe Ärger und Waffeln. Sollten Sie hingegen, von Entsetzen gepackt, sich zehn Pfennige haben abpressen lassen, die Sie dringend wiederhaben wollen: Klingeln Sie einfach in der Kolumbusstraße an der lila Haustür, bei Bartel.

Klein, aber gemein

Passiert ist das: Rosa war zu einem Geburtstagsfest eingeladen; eine Klassenkameradin, zwei Bänke links, wurde sieben. Rosa war mächtig stolz, denn wer eingeladen wird, ist wichtig und beliebt, ein Edel-i-Mädchen.
Unsere Große hatte sich schon zwei Tage vorher intensiv mit dem passenden Outfit beschäftigt, dazu mit Mama ein hübsches Geschenk ausgesucht. »Freitag«, hatte (nennen wir sie) Nadine gesagt, »Freitag um drei.« Am Freitagmorgen traf Rosa, schon im Vorfieber, Nadine auf dem Schulhof. Die tuschelte mit (nennen wir sie) Isabell, und beide kicherten und gicksten. Als die arglose Rosa fragte, warum sie denn lachten und über wen und gerne mitlachen wollte, da eröffneten sie ihr, daß das Fest schon gestern stattgefunden habe. »Aus Spaß« hätten sie Rosa »veräppelt«, und Schwamm drüber.
Rosa kam nach Hause, noch immer wie vom Donner gerührt, fassungslos und traurig: »Warum haben die das gemacht?« Wir haben ihr zu erklären versucht, warum die das gemacht haben. Aber das ist nicht ganz leicht. Siebenjährigen zu vermitteln, daß sich Siebenjährige mitunter wie Sadisten aufführen, daß sie nur »aus Spaß« testen, wie weit man gehen kann, wie viel man wehtun muß, bis einer »aua« sagt, daß sie zuweilen einfach mal ausprobieren, was der andere an Demütigungen aushält und was dann passiert, das ist nicht ganz leicht.
Wir haben's versucht. Aber Rosa saß nur da, minutenlang stumm, und starrte ratlos auf den Tisch, und man konnte sehen, wie es hinter den großen blauen Stauneaugen arbeitete, wie angestrengt sie versuchte zu verstehen und nichts verstand.

Hätte sie geweint, wir hätten mitgeheult, aber so?
Konnten wir sie nur in den Arm nehmen, kräftig schlukken und uns unsere Erwachsenengedanken machen über die große Gemeinheit von kleinen Kindern, diese unbekümmerte, unglaublich naive Brutalität, die offenbar zum Wachstum gehört und darüber, was von Theorien zu halten ist, die davon ausgehen, daß der Mensch von Grund auf gut sei.
Ihr haben wir gesagt, daß Nadine das bestimmt nicht so gemeint hat, daß sie einen Fehler gemacht hat, den sie längst bitter bereut. Und daß sie ihr verzeihen soll. Nadines entgeisterte Mutter, die mittags anrief, um sich für ihre Tochter zu entschuldigen und eigens für Rosa am Nachmittag ein Wiedergutmachungsfest veranstalten wollte, haben wir getröstet: Es müsse ihr wirklich nicht peinlich sein, und kein Mensch nehme an, sie bringe ihrer Tochter bewußt Gemeinsein bei. Kinder seien halt manchmal so, Nadine sei ein reizendes Mädchen, Schwamm drüber.
Unserer Tochter haben wir allerdings gesagt, daß sie heute nicht mehr zu Nadine gehen möchte, auf gar keinen Fall.

Das hat sie noch nie getan

Menschen-Eltern sind die einzigen Wesen auf der Welt, die sich in einem fort für ihre Kinder entschuldigen. »Ich weiß auch nicht, was mit ihm los ist«, »tut mir jetzt aber furchtbar leid«, »also, das hat sie wirklich noch nie getan« gehören zum Standardrepertoire von Eltern wie das inquisitorische »schläft er schon durch?« von Großeltern, Tanten, Onkels.

Entschuldigung: Aber das tut kein Papagei, keine Hyäne und keine Wildsau. Mutter Natur hat das nicht vorgesehen, nicht mal Vater Staat verlangt dergleichen, ist aber so. Und das könnte durchaus damit zusammenhängen, daß von Papageienküken weder überliefert ist, daß sie Kristallspiegel mit Niveacreme vollschmieren, noch daß sie Autozündschlösser mit Knetgummi versiegeln. Kennen Sie ein Hyänenbaby, das andere Hyänenbabys beißt? Ja? Gut, aber dafür ist es ja auch Hyäne.

Jedenfalls käme keine kleine Wildsau auf die Idee, anderen Frischlingen einen Luftballon zu klauen, wo sie selbst schon zweie hat. Bei Menschenkindern ist das aber so, die brauchen den dritten, um den zweiten fallenlassen zu müssen. Oder damit ein anderes Kind weint. Oder damit sich sein Papa dafür bei einer Mama entschuldigt. Zudem findet mit dem Auftauchen eines Gegenstandes A in fremder Hand die sofortige Entwertung aller Gegenstände B bis Z statt. Warum das so ist, ist wieder nicht geklärt. Ist aber so.

Gerade berichtete mir ein Kollege von der Bußfahrt, die er für seine schubsende Tochter unternommen hat: acht Monate alt, kann nicht laufen, aber schubst! Ich konnte ihn mit meiner Tochter trösten: Die hat so gekratzt, daß ich meinen

WANTED!

eigenen Sohn manchmal nicht wiedererkannt habe und beim halben Kindergarten Abbitte leisten mußte. Canossa war eine Kaffeefahrt dagegen.

Aber das war natürlich immer noch besser als ein Beißer. Gute Freunde von uns hatten einen Beißer. Als – nennen wir ihn F. – anderthalb Jahre alt war, ein Prachtkerl, pfiffig und sofort einer meiner besten Freunde, biß er, was sich bewegte. Was auch immer ihn bewegt haben mag – Hunger war es nicht. Wie der Weiße Hai persönlich konnte F. eine Kindermenge zerteilen und auf ein ahnungsloses Opfer zuschießen. Das wurde dann gebissen. F.'s Eltern, die bestimmt irgendwann mit dem Gedanken an ein blaues Maulkörbchen gespielt haben müssen, fühlten sich ein halbes Jahr lang auf dem Spielplatz (den sie häufiger wechselten) wie Aussätzige.

Und ein bißchen waren sie das auch: »Die mit dem Beißer!« Eltern Versager, Kind gemeingefährlich. So war das: ein Spießrutenlauf.

Der einzige Trost: Das wächst sich aus. Warum? Keine Ahnung. Ist aber auch so.

Leider campen

Neuerdings kommt mir immer wieder ein altes fremdländisches Lied in den Sinn, das ich fast schon vergessen hatte und ungefähr so geht:
»Nä, da lachsse disch kapott
dat nennt mr Kämping
Da lachsse disch kapott
dat nennt mr schön
Wenn de Mücke un de Hummle disch verjücke
und du kannze nit eraus
wejn Rejn …«
Ist das nicht ein schönes Lied? Und so wahr!
Wir waren campen, zum erstenmal nach langen glücklichen festbehausten Jahren waren wir campen, so richtig mit Zelt, Heringen, Matratzen und Schlafsäcken und Kopfkissen vergessen, verdammt noch eins – genau wie damals, nur diesmal eben mit Kindern. Ein großes Zelt für die Großen, ein kleines für die Kleinen und eine Viertelstunde Debatte darüber, warum diese Verteilung.
Gut, wir waren nicht so furchtbar wild campen. Wir lagerten nicht mal auf einem bürgerlichen Campingplatz, sondern auf einer gepflegten blumenbunten und buschumkränzten Privat-Wiese in 15 Metern Spuck-Nähe zum alten Bauernhaus unseres Freundes Ludwig mit Schlüssel außen und Ludwig drin. Das war also mehr eine Art Camping mit Stützrädern und Fallschirm samt Rettungsklo und Regen-Asyl, aber immerhin ganz entschieden unbequemer als ein duftendes, gemütliches, herrlich trockenes Bett im Kinderzimmer. Also viel aufregender, und versprochen ist versprochen.
Wir haben uns natürlich Hoffnungen gemacht, daß die

dünne Plane unseren scharfkantigen Kindern nicht würde trotzen können; klar, haben wir innig gewünscht, daß uns nächtlicher Wolkenbruch aus den Zelten spülen möge; und daß unsere sensiblen Blagen vor lauter Grillen, Unken und Werwölfen nicht in den Schlummer finden würden, auf daß das Thema Camping ein für allemal von ihrer Wunschliste gestrichen wäre.

Sie haben geschlafen wie die Steine. Und sie wurden auch nicht wach, als gegen zwei Uhr der Dauerregen einsetzte und wir, zum erstenmal naß an diesem Tag, muffig in unsere klammen Schlafsäcke krochen. Unsere Brut war ja auch ohne jede Erinnerung an unser letztes vorkinderliches Campingerlebnis in Apulien.

Das war als wir, zerstochen und todmüde in völliger Dunkelheit das Zelt aufgebaut und die ganze Nacht über Leoparden, Löwen, Hyänen und Tiger durch das zarte Polyester gebrüllt, gegrollt, gehechelt und geschnauft hatten. Und wo wir erst am Morgen und nach 100 Stunden Todesangst erleichtert feststellten, daß sich der prächtige Zoo von Bari, an dessen Grenze wir gezeltet hatten, auf der anderen Seite des Gitterzaunes befand.

Wir haben auch diesmal kein Auge zugetan und zwei Husten. Die Kinder fanden's »voll geil. Wann fahrn wir wieder campen?«

Es will nicht in die Schule

Das ist, aus gegebenem Anlaß, die Geschichte vom kleinen Ungeheuer, das nicht in die Schule gehen wollte. Die Geschichte ist frei erfunden, das Ungeheuer nicht.

»Moin auch, kleines Ungeheuer!« fauchte Ungeheuermama früh und freundlich, »raus aus den Federn, rein ins Badezimmer, putz dir die Fangzähnchen, Haarekämmen nicht vergessen, und ab in die Schule!«

»Geht nicht«, jammerte das kleine Ungeheuer, »ich muß heute im Bett bleiben, leider.«

»Ja, warum denn, mein Schatz«, fragte Ungeheuermama skeptisch und würde die linke Augenbraue hochgezogen haben, hätten Ungeheuer Augenbrauen. »Weil ich krank bin«, wisperte das kleine Ungeheuer tief unter seiner ungeheuerbunten Bettdecke hervor, »ich hab' Fieber, leider.«

»Fieber hast du?«, fragte Ungeheuermama, zog das »i« bei Fiiiieber zweifelnd in die Länge und wollte gerade die Stirn des kleinen Ungeheuers fühlen, als das Ungeheuerchen seufzte: »Und Bauchschmerzen. Und Zahnschmerzen. Und einen Beinbruch, leider!«

»Armes kleines Ungeheuer«, sprach Ungeheuermama, »dann lernst du ja gar nicht Lesen, Schreiben und Rechnen ...«

»Und Mumps!« setzte des kleine Ungeheuer schnell noch eins drauf, »Mumps hab' ich auch, leider!«

»Schade, schade, schade für dich«, seufzte da die Ungeheuermama und wackelte traurig mit dem Kopf, »dann lernst du ja auch nicht mit den anderen Ungeheuerkindern Wie-verrückt-Herumrennen, hinterhältig Fallenstellen, Leute-zu-Tode-erschrecken und Feuerspucken.«

»Was?« fragte es neugierig unter der Bettdecke, »Feuerspukken?«

»Und Fratzenschneiden und Wie-blöde-Brüllen«, meinte Ungeheuermama vergnügt, »und …«
»Bin wieder gesund«, rief das kleine Ungeheuer aufgeregt, »kerngesund, zum Glück!«
»Glaub' ich nicht«, sprach Ungeheuermama, »so schnell vergeht kein Fieber, mein Schatz, und Bauchschmerzen erst recht nicht und Zahnschmerzen auf gar keinen Fall, leider, und so ein Beinbruch und vor allem Mumps …«
»Dochdochdoch«, quickelte das kleine Ungeheuer, »guck doch: ein Wunder!«
Und schwupps sprang es aus dem Bett, hüpfte ins Badezimmer, schrubbte sich die Fangzähnchen blitzeblank, kämmte sich einen ungeheuer geraden Scheitel und streckte Ungeheuermama die kleine grüne Ungeheuerzunge heraus.
Natürlich nur wegen dem Mumps.

Komm, Herr Jesus

»Papa«, sagte das Kollegenkind, »Papa, ich glaube, ich muß heute abend mal beten.« »So«, sagte der Vaterkollege, »was mußt du denn beten?« »Kann ich dir leider nicht sagen, Papa«, antwortete das Kind. Seitdem rätselt der Kollege, was es nur hat, das Kind. Was er falsch gemacht hat oder es. Hat es was ausgefressen, zerdeppert oder sich sonst einer unters Beichtgeheimnis fallenden Verfehlung schuldig gemacht. Oder frömmelt es gar?

Ich bitte Sie, das Kind ist fünf.

Unsere beten übrigens auch. Sie beten gern und laut, und, soweit wir das verfolgen können, vorwiegend um Fernsehgucken, das etwas größere Eis oder beim Mittagessen. Sie beten sehr schön:

»Komm, Herr Jesus, sei unser Gast und segne, was du uns bescheret hast«, fangen diese Mittagsgebete an und gehen weiter: »Jeder esse, was er kann, nur nicht seinen Nebenmann. Ran, ran, ran! Und wir nehmen's ganz genau, auch nicht seine Nebenfrau. Wau, wau, wau!«

Wir unterstützen das. Ein wenig Respekt vor der Gnade des gefüllten Tellers und den Kochkünsten der Eltern hat noch niemandem geschadet – zumal wir auf »die armen Kinder in Afrika, die nichts zu essen haben« als Zutat bisher verzichtet haben. Und so geht ihr inniges, wenn auch schon deutlich von der fortschreitenden Säkularisierung gezeichnetes Gebet vollmundig in weitere, weit weniger pietätvolle »Tischgebete« über, die immer länger werden, je unattraktiver das Mittagessen ist:

»Aua, schreit der Baua,
die Äpfel sind zu saua,
die Bian' sind zu süß,

morgen gips Gemüs,
übermorgen Sauakraut,
ist der ganze Tisch versaut!
Hähä-hähä!«

Und bei »übermorgen gibt es Fisch, und den spuck ich auf den Tisch, öhöhöhöhö!« kippen meine frommen Kinder mal links, mal rechts japsend vom Stuhl und verschlucken sich. Und wenn mein humorvoller, aber etwas grobmotorischer Sohn beim »Amen« wieder mal seinen Teller mit in die Tiefe nimmt, dann steht einem gesitteten christlichen Mittagessen nichts mehr im Weg.

Auf uns mit Gebrüll

Die gute Nachricht zuerst: Heute spielen meine Kinder häufiger gegeneinander als sie miteinander zanken.
Die schlechte Nachricht: Es ist genauso laut wie vorher. Unvorstellbar laut.
Wir dachten immer, Kinder kämen blind zur Welt. Die Wahrheit ist, daß sie von Grund auf stocktaub sind und mindestens bis ins Grundschulalter hinein immer wieder von Taubsuchts-Anfällen heimgesucht werden – bis sie endlich erwachsen sind und Ohren haben zu hören und ihrer Kinder wegen zu ertauben beginnen.
Warum es keinen Spaß macht, im Kinderzimmer zu brüllen? Wir wissen es nicht. Wir würden uns darüber gerne mal in Ruhe unterhalten, aber dazu bräuchten wir mobile Lärmschutzwände oder kleine Knebel. Auch wenn sie Nase an Nase stehen, brüllen sie, als ginge es über eine Autobahn hinweg. Der Vorteil ist natürlich, daß wir während einer normalen Plauderei die A 40 nicht mehr hören. Aber wenn man ihnen sagen will: »Leiser!«, muß man leider auch brüllen.
Das finden sie o. k. Inakzeptabel aber ist es, wenn nur einer redet. Sofort wird überstimmt, und das ist bei uns keine demokratische Übung, sondern akustisches Wettrüsten. Dabei wollen sie ja eigentlich gar nichts sagen, sie möchten sich nur an die Spitze brüllen. Und erst, wenn eines das andere niedergebrüllt hat, was allerdings Stunden dauern kann, fängt der Sieger allmählich zu überlegen an, was er vielleicht hätte sagen wollen, denn wenn er überhaupt etwas zu sagen hatte, hat er's bis dahin vergessen.
Mami! – Ja, Rosa? – Mami, also, Mami! – Sag, was du sagen möchtest, Rosa! – Mami! – Jan, Rosa ist dran. – Mamiii! –

Ja, sag schon Rosa. – Mamimamimami!! – Halt bitte mal einen Moment den Mund, Jan. Rosa ist jetzt ... – Papi! – Also Rosa, bitte! – Papi! – Jan! Mami redet mit Rosa! – Papi! – Ja, Jan, äh, nein, Jan, was ist denn, Rosa? – Papi, also Papi ...! – Mami! Die Rosa ...! – Der Jan hat ... – Rosa! – Äh, der Jan hat, äääh ... Papi! – Die Rosa, also die Rosa ... – Ja-hann! – Die Rosa ... Mami, Papiii!
Was wollte ich Ihnen noch gleich ...?

Was sagt der Esel?

Wenn's dem Esel zu wohl wird, geht er aufs Eis. Wer keine Kinder hat, macht sich welche. Das ist ja das Schöne am Elternwerden: Man stellt irgendwann fest, wie viele alte Sprüche sich da tief unten in der Seele abgelagert haben, schwer verstaubt und kaum geglaubt, und kaum trampeln Kinder darauf herum, schon wird der ganze dicke Staub aufgewirbelt, fliegt herum wie Schneegestöber, kitzelt in der Nase, und wenn man niest, dann niest man – hatschi! – so einen merkwürdigen Satz wie: »Solange du deine Füße auf meinen Tisch stellst ...!« Und dann gucken alle groß, und dann überlegen alle, und dann lachen alle – aber der Satz ist unwiederverlierlich wieder da.
Und dieser Satz kennt andere Sätze, und die bringt er alle, alle mit. Und die hecken andere Sätze: den Satz mit den armen Kindern in Afrika, die nichts zu essen haben und froh wären; das gute alte »Mund zu, Herz wird kalt«; das launige »Säcke vor den Türen« und auch das, was wir selber nie ganz verstanden haben, nur gelernt: »Was sagt der Esel, wenn er in die Mühle kommt?«
I-A sagt nämlich der Esel, was soll er sonst sagen, der Esel? Aber wir haben uns ja gerade erst dabei ertappt, daß unsere Kinder »guten Morgen« sagen sollen, weil das ja angeblich der Esel auch sagt.
Haben Sie jemals von einem Esel gehört, der »guten Morgen« sagt?
Nein?
Gut, aber von einem Kind, das morgens »guten Morgen« sagt, statt sich knurrend hinter seinen Cornflakes zu verschanzen, sicher auch nicht. Wer erwartet, daß ein wohlsituiertes Kind in Friedenszeiten an einem linden Spätsom-

mermorgen gegen 6.45 Uhr einen halbwegs fröhlichen Gutenmorgengruß entbietet, ist ein Esel. Und sagt dann klinisch getesteten Blödsinn wie »was sagt der Esel …?« Und wenn noch ein Funken gesunder Menschenverstand im Esel ist, dann fallen ihm weitere Sätze ein, Sätze von ganz von früher, und die Seele scheint sich mittenmal wieder zu wiegen im schläfrigen Singsang aus Kindertagen wie zu einem uralten Zauberspruch, so, als wäre man die ganze Zeit über verwunschen gewesen und hätte es nur nicht gemerkt:

»Hände aufn Tisch,
Hände ausn Taschen
Nicht vorm Essen naschen
Nach dem Klo und vor dem Essen
Händewaschen nicht vergessen
Gib artiges Händchen
Wer einmal lügt, dem glaubt man nicht
Auch wenn er dann die Wahrheit spricht
War dein Vater Glaser?
Willst du denn, daß Mama weint?
Und was solln die Nachbarn denken?
Und wie heißt das Zauberwort
Wenn er in die Mühle kommt?«

Hilfe!

Ähem & mff

»Der Jan läßt mich nicht schlafen!«
»Weil die Rosa immer ähem-ähem macht!«
»Das hab' ich gar nicht gemacht. Das hab' ich nur gemacht, weil der Jan immer schnauft. Der macht immer mffmff!«
»Aber die Rosa hat vorher immer ähem-ähem gemacht. Da konnte ich gar nicht schlafen!«
Manchmal, und ich sage das nicht gern, sind manche Kinder unter meinem Niveau. Ich meine, für einen erwachsenen Menschen um die 40, der sein Brot zumindest zeitweilig mit Tätigkeiten verdient, die von geistigen kaum zu unterscheiden sind, sind Argumente, die vornehmlich aus ähem-ähem und mffmff bestehen, knapp unterhalb der intellektuellen Gürtellinie. Nun aber ist das Kernproblem gar nicht so sehr, daß man dabei auf Dauer ähnlich kindisch wird wie seine Kinder, sondern daß die Kinder nur so tun, als wären sie blöd.
Das Ähem-ähem gerade wie das Mffmff, müssen Sie wissen, sind lediglich vorgeschobene Mittel zu einem hinterhältigen Zweck. Dieser Zweck besteht ausschließlich darin, nach Zähneputzen, Haarekämmen, Gutenachtgeschichte und »noch einmal feste drücken, bis ich keine Luft mehr kriege« die Zeit des Schlafens so erheblich zu verkürzen, daß man am anderen Morgen dreimal geweckt werden muß. Damit wiederum erhält man das Recht, noch muffiger als sonst seine Chococrossies zu mümmeln und der Lehrerin zu bedeuten, daß man nur deshalb außerstande sei, freudig dem Unterricht zu folgen, weil man gestern einfach zu spät ins Bett gekommen sei. Mit jedem ähem-ähem und mffmff sollen also die Eltern noch ein kleines bißchen unmöglicher gemacht werden.

Ja, da muß man einschreiten.
Also investiert man zwei entwicklungspsychologisch astreine Extraküsse und streichelt Wangen: »Gute Nacht.«
Also sagt man in Zimmerlautstärke »nu is aber Ruhe, Nacht« und lächelt halb wie der Mond.
Also brüllt man »Feierabend!«
Und dann droht man mit dem dritten Weltkrieg.
Und dann stehen sie wieder vor der Wohnzimmertür und ziehen den letzten Trumpf aus ihren karierten Schlafanzugärmeln: »Ich habe Alpträume!« Dabei zittern sie wie Jedermann und sind blaß wie Hamlets Geist und wissen sehr genau, daß das Schlüsselreize sind, die alle Beschützerinstinkte auf einmal aktivieren. Folglich liefert man brav zwei weitere pädagogische Küsse ab, obwohl man längst Lust hätte, auf der Stelle persönlich zum allerschlimmsten ihrer Alpträume zu mutieren.
Und dann stehen sie wieder vor der Tür.
Und?
Dann?
Sagt Mutter nur ähem-ähem, und Vater sagt mffmff.

Schnickschnack

Es gibt ja Leute, die behaupten, unser schöner Staat gehe kaputt an zuviel Regellosigkeit. Fest steht, daß meine alte Doppelkopfrunde an zu vielen neuen Regeln kaputtging: Nach »Karlchen« kamen die »zweite Dulle« und das »Schwein«; nach dem Schwein kam die »Supersau«, nach der Supersau das »Genschern« (wer zwei Pikdamen hat, kann im 5. Stich den Partner wechseln). Und irgendwann gab es so viele lustige Sonderregeln, daß wir so ziemlich alles spielten – außer Doppelkopf.

Was das mit Kindern zu tun hat? Gegenfrage: Kennen Sie noch Schnickschnackschnuck?

Der Klassiker ging so: Brunnen, Schere, Papier, basta. Brunnen schluckt Schere, Papier schlägt Brunnen, Schere schneidet Papier. Dreimal gewonnen – gewonnen.

Nun gab es damals welche, die haben den »Stein« eingeschmuggelt (schleift Schere, fällt in Brunnen, wird in Papier gewickelt), und es gab schon Mahner, die das Ende heraufdräuen sahen. Und jetzt das!

»Spielen wir Schnickschnackschnuck, Papa?«

Klar spielen wir, zumal im Restaurant, wenn das Essen nicht kommen will. Praktisch, denn außer dem Mann vom Sägewerk haben ja alle immer ihr Spielzeug dabei.

»Schnick-schnack-schnuck!« Was ist das denn? Eine Kralle zeigt auf mein Papier. »Das ist eine Kralle!« Und? »Zerreißt Papier!« Wieso? »Mensch, Papa, Kralle!«

Schnick-schnack-schnuck! »Verloren, Papa!« Wieso, ich hab' doch Kralle? »Aber ich hab' Feuer«, sagt die Tochter und hält drei Schwurfinger hoch, »Feuer verbrennt Kralle!«

»Schnuck!« Papa Feuer, Kind fuchtelt und sagt »pssss-

pssss-pssss«. Kind hat jetzt aber »Wirbelwind«, der pustet Feuer aus. Dann hat es »Wasserstrahl«, »Auge«, »Kung Fu«, und als das Kind vor Lachen Schluckauf kriegt, weil es jetzt »Kuhfladen« hat und Kuhfladen überhaupt über alles geht, merkt Papa, daß er nie eine Chance hatte. Zuviel Schnickschnack beim Schnuck.

Liebe ist, wenn …

Meine Tochter ist verliebt. Das heißt, sie behauptet, sie sei verliebt. Na ja, nicht so richtig verliebt, aber doch ein bißchen. Eben gerade noch ausreichend unsterblich verliebt immerhin, um mit den anderen Mädels auf dem Schulhof mitkichern zu können, die auch ziemlich verliebt sind in diesen, diesen …

Na ja.

Sie üben halt, die Mädels. Zum Verliebtsein gehört tuscheln, angeguckt werden, schamhaft weggucken, hysterisch kichern und einen unheimlich roten Kopf kriegen genauso dazu wie das Zustecken von Liebesbriefen mit unglaublich leidenschaftlicher Rechtschreibung, heimlich.

Warum ist meine Tochter verliebt?

»Weil der so schön aussieht.«

Ja, reicht denn das, meine liebe Tochter?

»Und weil der nett ist.«

Nett, mein Herz, sind viele.

»Weil, ich kann das irgendwie auch nicht so genau sagen.«

Dann könnte was dran sein.

Nun, noch schläft sie gut, unsere vielgeliebte Tochter, und noch hat sie keine Magenschmerzen, fällt nicht durch Prüfungen und heult viel lieber über Zeichentricktierschicksale als der Männer wegen. Aber dieses erste schiefe Kichern scheint uns dennoch ein erster Vorgeschmack auf die furchtbaren Tragödien und Tränen zu sein, die da wegen pickelgesichtiger, staksbeiniger, ungelenk armschlenkernder und Hände in den Hosentaschen vergrabender Jüngelchen noch kommen werden, die da lässig auf den Boden

spucken und die künftigen Schwiegereltern nicht grüßen.
Und wohl auch auf die allerfurchtbarste, auf jene große, die seit Urzeiten am Ende aller kleinen Tragödien dräut: die den Vater vom Thron stoßen, die Tochter von Mutters Herzen reißen und die armen Eltern tochtermäßig zu Vollwaisen machen wird.
Sollen wir jetzt schon rasch zum bewährten Männerverhütungsmittel übergehen, das da in der Verkündigung der heiligen Dreifaltigkeit für sittsame Töchter besteht: »Opa, Papa und Pfuideibel!«
Oder sollen wir sie schonungslos aufklären?
Was hat sie davon, jetzt schon zu wissen, daß Liebe Leid bringt, daß Tränen lügen, Kummer vergeht und wir den ersten Freund garantiert – und völlig zu Recht – völlig unmöglich finden werden? Oder daß zumindest Papa ihn nicht mögen wird, was aber mit väterlicher Eifersucht und irgendwelchen lächerlichen Verlustängsten ü-ber-haupt nichts zu tun hat?
Aber das scheint ja gerade das Problem mit der Liebe zu sein: Über die wirklich wichtigen Dinge im Leben kann man mit seinen Kindern einfach nicht reden.

Auswärts stark

Sie kennen das: Zahn schmerzt am Abend, Zahn schmerzt die ganze Nacht, Zahn schmerzt genau bis zum »dauert noch fünf Minütchen, dann hat der Doktor Zeit für Sie, Herr Bartel.« Dann schmerzt der Zahn überhaupt nicht mehr, aber um den Herrn Doktor nicht zu enttäuschen, ignoriert man die Wunderheilung und läßt Löcher in sich bohren, bis es wieder schmerzt.

So ist das auch bei meinen Kindern, nur ganz anders.

Zu Hause brüllen sie und geifern, hauen sich Beulen, stoßen um und krümeln und verwandeln unser romantisches Hexenhäuschen selbst in gehobener Stimmung in einen Einfamilienschrottplatz, so daß wir oft genug erwogen haben, unsere Nachbarn um Asyl zu bitten. Solche Kinder machen einen im Handumdrehen gesellschaftlich unmöglich, weil ein jeder denkt, wie schlimm es wohl um die Eltern bestellt sein muß. Solche Kinder, sagt der gesunde Menschenverstand, versteckt man am besten. Mit solchen Kindern kann man alles, nur nicht vor die Tür.

Von wegen.

Mit meinen beiden Nachwuchs-Berserkern können Sie gelassen in die Oper gehen, an Bischofs-Weihen teilnehmen, bei Krupp und Co. dinieren, Schachturniere besuchen und jede Etepetete-Party, und alle, alle werden sagen: Nein, was für entzückende Kinder!

Dieselben Hooligans, die aus jedem heimischen Körnerfrühstück eine Schlachtplatte machen, führen sich ausgerechnet bei Auswärtsspielen auf, als wären sie erzogen. Mein Sohn speist mit geschlossenem Mund, obwohl er zu Hause schwört, er würde daran ersticken; und meine Tochter, die im Normalfall ihre Chocochips mit der Nase ißt, spreizt bei jedem Vorstadtchinesen den kleinen Finger ab.

»Ah, da sind ja eure Monster«, begrüßten uns gerade Kollegens, die uns netterweise (trotzdem) zu einem Einzugs- und Gartenfest geladen hatten. Das war ganz sicher scherzhaft gemeint, aber da schwang doch auch ein bißchen Sorge mit – verständlich, sie hatten gerade renoviert.

Und dann fegten meine Vandalen unaufgefordert die Küche, schleppten Gläser, zapften Bier, betüdelten ein noch im Torkel- und Lall-Alter befindliches Kollegenkind so herzig, daß einem die Tränen kommen wollten, malten weltverliebte Bilder, die sie milde lächelnd gegen geringes Entgelt an begeisterte Partygäste verschenkten, und als mein Sohn, der alte Schleimer, partout auf einen Apfelbaum klettern wollte, um der Hausherrin einen besonders schönen Apfel zu pflücken, machte meine Tochter freiwillig die Räuberleiter und hauchte: »Paß bitte auf, Jan!«

»Zauberhaft, ganz zauberhaft«, erscholl es allüberall, »wunderbare Kinder, ganz wunderbar!«

Schade, daß die Eltern Verleumder sind.

Keuchhusten

Sagen Sie mal Ü!
Ü.
Und jetzt sagen Sie mal lange Üüüüüü.
Üüüüüü.
Und jetzt so lange und so laut wie Sie nur können.
Üüüüüüüüüüüüüüüüü!
Und jetzt das Ganze bitte nicht beim Ausatmen, sondern beim Einatmen – ja, und dann haben Sie ziemlich genau den Ton, der uns seit zwei Wochen jede Nacht sechs- bis zehnmal aus dem Bett schreckt und an den Rand eines Herzinfarktes jagt:
»Üüüüüüüüüüüüüüüüüü!«
Unsere Kinder haben nämlich Keuchhusten, bzw. Pertussis oder Tussis convulsiva, den man medizinisch korrekt auch Stickhusten nennen kann. Wir Eltern sagen »verdammter Keuchhusten« dazu, unsere Kinder nennen ihn nur »blöder Husten«.
Arme, arme Kinder. Das ist ein Bölken und Krampfen und Würgen und Spucken und ein so jämmerliches Nachluftschnappen, daß es einem Adrenalin in die Adern und Tränen in die Augen treibt. Und nichts, nichts kann man machen außer fluchen, trösten, Tränen trocknen, Bett beziehen und hoffen, daß der Anfall vorübergeht. Und daß es sich mit dem Keuchhusten anders verhalten möge als beim Scharlach: Daß nämlich nach dem ersten Gebrauch das Thema erledigt ist und uns der Fortschritt nicht noch sieben weitere, über jede Impfung und Immunblockade hohnlachende, hochmoderne Keuchhusten-Varianten offeriert, unter denen man sich der Reihe nach bedienen kann. Und es beruhigt uns überhaupt nicht, daß der Rekord im

Dauerkeuchen bei acht Wochen steht und alle, die's lebend überstanden haben, sagen »Ach, das vergißt man so schnell.«

Aus unserem Hexenhäuschen ist ein Geisterhaus geworden. Wer will, kann uns nächtens im fahlen Mondenschein durch die Zimmer wandeln sehen, blaß und im Nachthemd, und auf die Straße dringt ein grausiges Stöhnen und Ächzen und Heulen. Auch tagsüber sehen unsere traditionell rosigen Kinder mittlerweile aus wie verkleidete Gespenster.

Wir sehen auch so aus und schlafen mittlerweile in Wechselschicht: Heute du, morgen ich. Und wer gerade schlafen dürfen darf, hat ein schlechtes Gewissen. Auf der Arbeit gucken einen die, die nichts wissen an, als wüßten sie was, und das wäre nichts Rühmliches. Die, die was wissen, haben spätestens nach drei Tagen ihr Mitgefühl aufgebraucht und denken: »Nu ja, Keuchhusten. Aber man kann's auch übertreiben.«

Wenn wir gefragt werden: »Wie habt ihr geschlafen?« antworten wir wahrheitsgemäß: »Oft«. Und dann meinen die Leute, na, die Bartels nehmen's wenigstens mit Humor.

Das Gegenteil ist der Fall, Hiob war ein Spaßvogel gegen uns. Wir haben Keuchhusten.

Das Ablaß-Schwein

Wir als Protestanten hätten's besser wissen müssen. Trotzdem haben wir ein Schimpfwort-Sparschwein eingeführt (wobei da natürlich keine Schimpfwörter, sondern Geldmünzen reinkommen).
Unsere Kinder verfügen nämlich durch was und wen auch immer über ein derartiges Arsenal an Kraftausdrücken und machen davon so überreichlich Gebrauch, daß wir in Notwehr eine schwarze Liste anlegten. Darauf standen böse Wörter wie ...
Gut.
Zehn Pfennig für ein einfaches »...!« beim Frühstück, dreißig für ein schweres »...!« im Wiederholungsfall. Und das Strafschwein wurde immer fetter. Als aber jeden Montag das Sonntagsgeld verflucht war, zeigten sie Wirkung. Nicht daß sie auf einmal vom Beschimpfen abgelassen hätten: Sie kreierten so interessante Schmähungen wie »Eierbär« oder »Knallpflaume« oder »Knackvogel«, die zwar auch nicht als Komplimente gemeint waren, aber noch nicht auf dem Index standen. Und uns ging es wie den Doping-Fahndern: immer eine Pille hinterher.
Mittlerweile machen sich unsere Blagen einen Jux daraus, neue Beleidigungen zu erfinden (»du Diffeldaffel!«), sich zu alten zu provozieren oder per Denunziation in den wirtschaftlichen Ruin zu treiben: »Der Jan hat zu mir Blödkopp gesagt!« – »Ha! Jetzt hastes ja selber gesagt. Zehn Pfennig!« – »Hab' ich gar nicht!« – »Doch!« – »Was denn?« – »Blödkopp!«
Zwanzig.
Seit kurzem aber sagt mein Sohn etwas, das hat er nie gesagt. »Du Banause!«, sagt er und meint damit vermutlich

was für mindestens eine Mark fuffzig. Aber laut Duden ist ein Banause, hergeleitet von griech. bánausos = Handwerker, ein »Mensch mit unzulänglichen, flachen Ansichten in geistigen und künstlerischen Dingen«.

»Du Handwerker!« – »Du Mensch mit unzulänglichen, flachen Ansichten in geistigen und künstlerischen Dingen!« – Was macht man da? Zehn Pfennig, zwanzig? Freispruch?

Ach, Gott!

Ihr Lieblingsfach ist die Mathematik. Jaa, die Mathematik – wer liebte sie nicht, all diese zierlichen Zahlen, diese possierlichen Strichlein und Kreuzchen, die amüsanten Wenns und Danns und Strich drunter: null Fehler.

Was sie nicht mag, ist Religion. »Ich hasse Religion«, sagt sie dem Sohn eines ehemaligen Presbyters ins Gesicht, ihrem Vater, der einst der Jugendbibelstundenknüller des CVJM Essen war.

Aber meine Tochter ist ja sensibel. In Religion, sagt sie, da werden immer so gruselige Sachen erzählt. Da ersaufen Mensch und Tier in einer Flut, weil »dem Gott« danach ist; da erschlägt ein Geschwister das andere, »aber in echt«; da will der Gott, zu dem sie abends immer »lieber Gott« sagt, daß ein Vater seinen Sohn schlachtet, und da wird der Herr Jesus, den sie so mag, an ein Kreuz genagelt, obwohl das bestimmt furchtbar weh getan hat. Und wenn sie fragt: »Papa, was ist die Hölle«, dann fackelt in ihrer Frage schon ein kleines Fegefeuerchen.

Sie fürchtet sich vor Religion, denn davon kriegt sie schlechte Träume, da helfen keine frommen Lieder und, solange dabei Gänse gekillt werden, auch keine Martinszüge. Und so beginnen auch wir den Religionsunterricht zu fürchten, denn wenn sie schlechte Träume kriegt, dann kommt sie nachts um drei in unser Bett und strampelt rum, und wenn sie lange genug gestrampelt hat, fängt Papa an zu fluchen und kommt nicht in den Himmel.

Ihr Bruder ist da anders. Bei ihm, dem Kindergartenschreck, sind bislang weder besondere Neigungen zu Pascal, Euler und Gauss noch auch zum Pietismus auszumachen.

Sicher ist nur, daß er im Gegensatz zu seiner Schwester, die an Maria Magdalenas Stelle gewiß in tiefe Ohnmacht gesunken wäre, supercool die Nägel gezählt hätte: »Vollgeil, und der Jesus hat aber doch gewonnen!«
Er lebt noch ganz in Heilsgewißheit. Die Guten siegen, und der Tod ist nur ein Düdelütt aus dem Gameboy. Für Jan ist Jesus so was wie Power Ranger geteilt durch Ninja Turtles mal Ollie Bierhoff. 1 : 0 für Gott nach Verlängerung, garantiert.
Für meine Tochter ist das nichts. Sie fühlt sich weit behaglicher in der Keimfreiheit und Erdenferne der Rechenkästchen.
Nun mag das damit zusammenhängen, daß ihr Foltermethoden wie das Interpolieren, Induzieren und Deduzieren wie Teufeleien von Algebra bis Differenzialgleichung noch fremd sind. Kann aber auch sein, daß ihre Eltern derzeit damit überfordert sind, ihr das Christentum mädchengerecht als kuschelweiches, engelumflattertes Tierkindmärchen schmackhaft zu machen. Sie weiß halt noch nicht, wie man in der kühlen Hölle der Sprach- und Ahnungslosigkeit Blut und Wasser schwitzen kann. Und wie das frommt.

Lahme Ente

Es gibt den ICE, und es gibt den Bummelzug. Es gibt den Eilschritt, und es gibt den Kurschritt, und es gibt ein Autotempo vor dem ersten Kind und eines danach. Das macht die plötzliche Reife und die Verantwortung und das alles. Selbst einst überdurchschnittlich forsche Fahrer tragen auf einmal ein unsichtbares »Gefahrguttransport« auf der Stirn, einige kleben sich auch »Baby an Bord« ans Heck, da, wo früher mal Sylt war oder »nein, danke« oder »Platz für Inder«; und wenn hinten alle hupen, hat man alles richtig gemacht.

Bei uns ist das ungefähr auch so. Mit dem kleinen Unterschied, daß das Autofahren mit Kind erheblich riskanter ist als ohne. Das lag früher daran, daß das erste Kind überhaupt nicht selig vor sich hindöselte wie alle Kinder, sondern permanent Muttermilch spuckte und wir wegen des Geruchs Halluzinationen bekamen. Dann lag das daran, daß immer ein Kind genau dann hinten greinte, wenn sich die Eltern vorne gerade darüber einigen wollten, ob es zu Tante Karin nun links oder rechts abgeht (»Was?« »Links« »Ruhe!« »Vorbei.«) Und dann spielten beide hinten immer das Kain-und-Abel-Spiel wie um zu beweisen, daß für Kleinkinder im Straßenverkehr statt Sicherheitsgurten eher Zwangsjacken angebracht wären.

Ja, und dann war heute, und heute geht das so:

Wenn wir nun also mit 46 km / h und einem irren Sicherheitsabstand zu allem einherschleichen und schöne sanfte Bögelchen kurven, dann macht es auf einmal hinten laut »Uiiiiiii!«, denn die Kinder spielen Rennauto mit Reifenquietschen. Und wenn wir ohne zu schockeln milde die Kupplung abschleifen, um bei grün in den Verkehr zu schlüpfen wie in Filzpantoffeln, dann tut es »iääääääääää!«, weil hinten das Rennauto Vollgas gibt; selbst im Stau hören wir zuweilen ein martialisches »brmmm, brrrmmmm!«, und manchmal quietscht unser Auto sogar im Stand. Und dann kommen Fragen wie: »Wer ist noch mal der beste Rennfahrer von der ganzen Welt, Rosa?« »Der Schuhmann.« »Papa, ist der Schuhmann echt der beste Rennfahrer von den ganzen Welt?« »Nein, mein Schatz, das ist der Villeneuve.« »Ok, Rosa, dann bin ich der Willnöf, und du mußt mich in den Reifenstapel schuppen, uiiiiiiääpchummmmm!«

Und dann spielen sie »Fummel eins« und rasen in ihren Kindersitzen in Reifenstapel und schießen sich johlend von der Piste, und das wäre alles noch verkehrstechnisch locker zu nehmen, würden sie nicht pausenlos ätzen »Papa is 'ne lahme Ente, Papa is 'ne lahme Ente ...!«

Meine Frau hat übrigens einen Weihnachtswunsch: Ein altes schwarzes englisches Taxi möchte sie haben, so eins mit der dicken Trennscheibe drin.

Puschen-Phobie

Früher, als wir noch wir waren und nur wir, haben wir uns oft unterhalten über dies und das. Wir haben Neuigkeiten und Nettigkeiten ausgetauscht, andere Leute durch die Zähne gezogen und herumgeblödelt. Die Welt war eine Plaudertasche, und wir haben lustvoll darin herumgekramt. Heute, da wir nicht mehr wir sind, sondern vier, ist das anders. Da tauschen wir keine Neuigkeiten mehr aus, sondern Bulletins, und wenn mal einer was Wichtiges sagt, dann ist es ein Rezept.

Zehn Wochen Keuchhusten inklusive (Üüüüüüü) »Erinnerungshusten«, unterbrochen von zwei Magen-Darminfektionen, erweitert um eine Mittelohrentzündung nebst Loch im linken Ohr, gekrönt durch zwei gewaltige kreuznormale Bollerhusten, die bei uns die Wände wackeln lassen, auch wenn die Kinder mal nicht friedlich spielen.

Hätten wir's nicht verboten, würden meine triefnasigen Kinder »Mama« zu ihrer Kinderärztin sagen und zu ihr ziehen.

Und das liegt alles nur an der Puschenphobie.

Kann mir mal einer erklären, warum Kinder an eiskalten Januarmorgen ihr warmes Bett verlassen und sofort ihre nackten Füße unter meinen unbeheizten Tisch stellen, bis sie blaugefroren sind?

O doch, wir haben Socken, und wir haben Puschen. Wir haben Socken mit Tigerenten, Blümchen und Donald Ducks, wir haben Entenpuschen, Hundepuschen, mordslustige Riesenhühnerfußpuschen, weil wir unseren Kindern schließlich vermitteln wollen, daß warme Füße was Sinnvolles sind und trotzdem Spaß machen.

Meine Kinder lieben ihre Puschen, aber sie ziehen sie nicht

an. »Glatt vergessen!« ruft meine scheinheilige Tochter kaltfüßig, »glatt vergessen!« und schlägt sich gegen die Stirn. »Was?« fragt mein Sohn, der nicht erst seit der Mittelohrentzündung weiß, daß man nichts hören muß, wenn man sich taub stellt, »ach so ...« Und dann ziehen sie Socken und Puschen über ihre klirrenden Zehen, denn, ach so, das soll man ja, und wir sind einen Moment lang glücklich. Und dann laufen sie wieder barfuß rum.

Meine Kinder würden eher festfrieren als freiwillig Stoff zwischen sich und die Fliese kommen zu lassen.

Ist das Protest? Oder Ignoranz? Kommt das, uff-uff, von ganz von früher? Oder sind die schlicht blöd? Sollen wir ihnen eine Puschenprämie bezahlen, dafür, daß sie nicht frieren? Wie wär's mit Fernsehverbot? Oder gleich enterben? Wir haben immerhin gelernt, daß man mit warmen Händen geben soll und nicht mit warmen Füßen nehmen ...

Manches deutet da auf Suchtverhalten hin oder darauf, daß sie einer Sekte beigetreten sind. Das wäre allerdings eine, in der, wie man hört, alle anderen Kinder schon drin sind.

Liebe Frau Sch. aus E.

Was heißt hier »das kommt noch schlimmer«? Wieso, liebe Frau Sch. aus E., »dann warten Sie mal ab!«?

Unsere Kinder sind groß: mehrfach verflixt und zugenäht, windpockenerprobt, scharlachgestählt und stubenrein obendrein. Wir genießen jede durchschlafene Nacht wie damals (ganz, ganz früher) die durchfeierten. Wir freuen uns, daß wir die sensible Stehlampe von Omma wieder aufstellen können. Daß unser Auto nicht mehr nach raufgeschluckter Milch riecht und unsere Kinder kaum noch Treppen runterfallen, CDs glattschmirgeln, Penatencreme essen, Kleingeld in Tapedecks werfen, moderne Graphik fertigmalen und nach Bahia telefonieren.

Unsere Kinder sind jetzt sieben und fünf, und abgesehen davon, daß wir in dieser Zeit um vierzehn bzw. zehn Jahre gealtert sind, sind wir glücklich. Manchmal gar sitzen meine Frau und ich gegen 20 Uhr auf dem dreimal bezogenen Sofa, lächeln uns milde an und sagen »ach ja«. Weil unsere Tochter (Linksauslegerin) zwar eine seltsame Art hat, ihren Bruder (Rechtsausleger) zu lieben, aber doch nie ernstlich verlangt hat »Schmeiß ihn ins Klo!« (wie Ihre Tochter, liebe Leserin Sch. aus E.)! Und weil sich unsere Kinder nie verboten haben, bei Urlaubsfahrten aus dem Fenster des anderen zu gucken (ha!). Weil *unsere* nämlich, alles in allem, so furchtbar nun auch wieder nicht sind und wir – endlich – übern Berg.

Und da kommen Sie, liebe Kassandra Sch. aus E., und unken am Telefon »von nun an geht's bergab«!

Kleine Kinder, kleine Sorgen, große Kinder … – so? Die Schulzeit wird »die Hölle«? Und »wenn sie erst in der Pubertät sind, knallen sie vollkommen durch«?

Na, da übertreiben Sie doch wohl ein bißchen, hochverehrte Frau Sch. aus E. Und daß es »noch lauter werden wird im Haus«, pardon, das glauben wir Ihnen nicht, das geht nämlich gar nicht.
Und, bitte, liebegute Frau Sch. aus E., sagen Sie das auch den Müttern, die mich seit Wochen gutgelaunt anrufen, um mir »aus eigener Erfahrung« künftiges Grauen auszumalen: Alles wird noch viel besser. Nämlich!